Friedhelm Jung

Frauen als Pastorinnen?

Die Stellung der Frau nach Gottes Plan

Lichtzeichen Verlag

Edition BSB

Friedhelm Jung
Frauen als Pastorinen?
Die Stellung der Frau nach Gottes Plan

1. Auflage 2015

Coverbild: Shutterstock, Pidgorna Ievgeniia
ISBN: 978-3-86954-205-8
Bestell-Nr. 548205

Edition BSB

Abteilung: Systematische Theologie

Band 2

Die *Edition BSB* wird herausgegeben vom Bibelseminar Bonn (BSB), einer freikirchlichen theologischen Ausbildungsstätte, die Studierende in einem drei- und einem fünfjährigen Ausbildungsgang für die ehrenamtliche und vollzeitliche Mitarbeit in Gemeinde und Mission vorbereitet.

Die *Edition BSB* macht Forschungsergebnisse von Dozenten und Studierenden des BSB einer breiteren Öffentlichkeit zugänglich und möchte so der christlichen Gemeinde im deutschsprachigen Europa dienen.

Bibelseminar Bonn
Ehrental 2-4
53332 Bornheim/Bonn
www.bsb-online.de

Inhalt

Die Frauenfrage ist eine
der großen Anfangsfragen
der Menschheit, eine
der Grundfragen des
Zeitlichkeitsverlaufs und
eine der entscheidenden
Endzeitfragen, an denen sich die
Geschichte
der Menschheit vollendet.
Gleichwie das Hervortreten des
jüdischen Volkes für alle
an der Bibel orientierten
Gläubigen ein Hauptzeichen
des anbrechenden Endes dieser
gegenwärtigen Weltzeit ist,
so auch das Hervortreten und
Heraustreten der Frau.

Theodor Böhmerle
(1870 - 1927)

Vorwort

Die bisher größten Veränderungen der Menschheitsgeschichte haben sich ohne Zweifel im 20. Jahrhundert ereignet. Die meist als „Fortschritte“ gepriesenen Errungenschaften in den Naturwissenschaften, der Medizin und Technik sind tatsächlich atemberaubend. Kaum jemand hätte Anfang des 20. Jahrhunderts für möglich gehalten, dass Menschen einige Jahrzehnte später auf dem Mond landen, in sechs Stunden von Frankfurt nach New York fliegen und Nachrichten und Bilder in sekundenschnelle von einem Kontinent zum anderen übermitteln.

Parallel zu diesen Entwicklungen hat sich auch das Rollenverständnis von Mann und Frau innerhalb kurzer Zeit fundamental verändert. Galt bisher das biblisch geprägte Bild vom Mann als Haupt der Frau und Familie, so setzte die Emanzipationsbewegung die Gleichberechtigung der Geschlechter nach und nach durch und verankerte sie in den Verfassungen der Länder Die Kirchen passten sich mehr oder weniger schnell dem Zeitgeist an und führten die Frauenordination ein, so dass heute Frauen in vielen Gemeinden als Pastorinnen und in manchen Kirchen auch als Bischöfinnen arbeiten. Radikale Feministinnen sind indessen mit der Gleichberechtigung von Mann und Frau keineswegs zufrieden. Sie wollen das Denken in Geschlechterkategorien ganz überwinden und behaupten allen Ernstes, dass man nicht als Mann oder Frau geboren, sondern dazu erzogen werde. Das Gender-Mainstreaming-Programm, das inzwischen sowohl von der UNO wie der EU vorangetrieben wird, will die totale Gleichstellung von Mann und Frau auf allen Ebenen durchsetzen und Männer an den Herd und Frauen in die Autowerkstatt lotsen. Dabei blendet man mit ideologischer Verbohrtheit alle wissenschaftlichen Erkenntnisse, nach denen Mann und Frau in Wahrheit körperlich, genetisch und auch hinsichtlich ihrer Hirnstruktur verschieden sind, einfach aus. Nach dem Motto „was nicht sein darf, kann nicht sein", verschließen sich die Gender-Ideologen den Fakten und versuchen, ihren Wahnsinn durch Beeinflussung von Mandatsträgern in die Politik einzuschleusen und über Gesetzesänderungen die Gesellschaft in ihrem Sinne zu manipulieren.

Dass es in solch turbulenten Zeiten für biblisch orientierte Christen – die Masse der Namenschristen hat sich längst dem gottlosen Zeitgeist angepasst - nicht leicht ist, ihren Glauben und ihre Moralvorstellungen zu leben, liegt auf der Hand. Doch Gottes Ordnungen für Gemeinde und Gesellschaft gelten auch im 21. Jahrhundert, und Kirchen und Gesellschaften, die sich nicht mehr an diesen Ordnungen orientieren wollen, werden sich selbst zerstören. (Die rasant angestiegene Zahl der zerrütteten Ehen und Familien mit einem daraus hervorgehenden Heer von psychisch kranken und verwahrlosten Menschen führt den im vollen Gang befindlichen Zerstörungsprozess der Gesellschaft vor Augen.) Da aber Christen ihre Mitmenschen lieben und deren Selbstzerstörung nicht tatenlos zusehen dürfen, sind wir verpflichtet, Gottes Gebote nicht nur selbst auszuleben, sondern ihre Einhaltung auch anzumahnen. Daher möchte dieses Büchlein die zeitlos gültigen Weisungen Gottes zur Stellung der Frau in Kirche und Gesellschaft in Erinnerung rufen und dazu ermutigen, diese in der Öffentlichkeit bekanntzumachen, damit aus der großen ins Verderben laufenden Menge der Menschen wenigstens einige gerettet werden und durch Jesus Christus Heil und Heilung finden.

Bornheim/Bonn, im Februar 2015

Einführung

Das 20. Jahrhundert hat für die Frau größere Veränderungen gebracht als für den Mann. Während die Männer trotz aller Versuche, sie stärker an Hausarbeit und Kindererziehung zu beteiligen, immer noch primär das tun, was sie schon seit Jahrtausenden machen, nämlich ihrem Beruf nachgehen, müssen die Frauen seit den sechziger Jahren des 20. Jahrhunderts mehr und mehr einer dreifachen Belastung standhalten: Neben Haushaltsführung und Kindererziehung üben viele auch noch einen Beruf aus. Die Emanzipationsbewegung, die die völlige Gleichstellung von Mann und Frau erreichen will, hat mindestens eines erreicht: Viele Frauen halten sich für minderwertig, wenn ihnen berufliche Anerkennung versagt bleibt und sie nicht über ein eigenes Einkommen verfügen. Doch das in klischeehaften Fernsehsendungen und Werbespots vermittelte Bild der erfolgreichen Frau der Moderne, die spielend Beruf, Kinder und Haushalt bewältigt, ist ein Trugbild. Tatsächlich halten nur wenige Frauen dieser dreifachen Belastung über längere Zeit stand. Entweder die berufstätige Frau entscheidet sich bewusst gegen Kinder (was besonders unter gut ausgebildeten Frauen immer häufiger vorkommt), oder sie kommt irgendwann an den Punkt völliger Überlastung. Diese äußert sich durch das Empfinden, ausgebrannt zu sein, manchmal auch durch manifeste psychische Erkrankungen und zunehmend häufiger durch Herz-Kreislauf-Probleme.

Doch unsere ideologisch verblendete Gesellschaft verschließt weithin die Augen vor diesen Wahrheiten. Als die langjährige Tagesschau-Sprecherin Eva Hermann in ihrem im September 2006 erschienenen Buch „Das Eva-Prinzip" mit dem Feminismus abrechnete, wurde sie gnadenlos niedergeschrien. Ihre Aufforderung an die Frauen, sich von der Gesellschaft nicht die Doppelbelastung von Haushalt/Familie *und* Beruf aufbürden zu lassen, sondern in erster Linie für ihre Kinder zu sorgen, wurde als antiquiert und ökonomisch schädlich zurückgewiesen. Hermann ist von radikal-feministischer Seite persönlich diffamiert und stark unter Druck gesetzt worden, so dass sie ihre Funktion als Tagesschau-Sprecherin aufgegeben hat.

Gott hat in seiner Weisheit Mann und Frau verschieden geschaffen und begabt sowie mit unterschiedlichen Aufgaben betraut. Wer diese in der Schöpfung angelegten Unterschiede übersieht, der stiftet nicht nur Verwirrung, sondern bringt viel Unglück über die Menschen. Wenn Mann und Frau gleich wären, warum schafft man dann nicht die Bundesliga für Frauen ab und lässt die Frauen einfach gegen die Männer spielen? Die Antwort ist einfach: Sie hätten nicht den Hauch einer Chance. Warum finden die Wettbewerbe der Olympischen Spiele stets nach Geschlechtern getrennt statt? Auch hier ist die Antwort einfach: Die beste Frau ist immer dem besten Mann unterlegen. Der schnellste Läufer oder Schwimmer, der höchste Springer oder stärkste Gewichtheber – immer ist es ein Mann. Warum finden wir bei der Müllabfuhr oder unter den Maurern keine Frauen? Weil diese Arbeit zu schwer ist für das weibliche Geschlecht. Der Körperbau einer Frau ist nicht so stabil wie der eines Mannes.

Nur dort findet der Mensch zur Erfüllung seines Lebens, wo er sich in den vom Schöpfer vorgegebenen Bahnen bewegt. Diese Bahnen gilt es in einer orientierungslos gewordenen Zeit wieder neu aufzuzeigen, und zwar nicht nur gesamtgesellschaftlich, sondern auch und gerade im Blick auf die Gemeinde Jesu Christi. Denn auch hier haben Emanzipationsbewegung und Feminismus tiefe Spuren hinterlassen, die das Gemeindeleben nachhaltig beeinflusst haben. Presbyterinnen, Pastorinnen, Bischöfinnen - längst hat man sich an das gewöhnt, was bis vor wenigen Jahrzehnten noch völlig undenkbar war. Doch wie sieht Gott die viel gepriesenen Fortschritte der modernen Zeit? Und: Haben wir es wirklich mit Fortschritten zu tun? Anhand der Bibel, die für einen evangelischen Christen der einzige Maßstab zur Beurteilung solcher Fragen sein kann, soll in den folgenden Kapiteln Antwort gegeben werden.[1]

---

[1] Das vorliegende Büchlein ist die leicht überarbeitete Ausgabe meiner 1998 im Puls-Verlag (Bornheim) erschienenen Schrift „Frauenordination – Spaltpilz der Christenheit?“.

1 Die Stellung der christlichen Frau in der Gemeinde

Die Wahl von Maria Jepsen zur ersten evangelisch-lutherischen Bischöfin der Welt vor mehr als 20 Jahren hat verdeutlicht: Die Christenheit ist zerstritten. Während die einen von einem längst überfälligen Schritt sprachen, bezeichneten die anderen jene am 4. April 1992 in der Hamburger Michaeliskirche erfolgte Wahl als eine geistliche Katastrophe.[2] Die (katholische) Deutsche Tagespost (Würzburg) sprach von einem ökumenischen Erdbeben, das die „Kluft zwischen Lutheranern einerseits sowie Katholiken und orthodoxen Christen andererseits"[3] vertieft habe. Erschwerend kommt im Fall M. Jepsen noch hinzu, dass hier nicht nur eine Frau zur Bischöfin einer lutherischen Kirche gewählt wurde, sondern dass es sich um eine Anhängerin der feministischen Theologie handelt. Indessen muss nüchtern gesehen werden, dass die Wahl einer Frau zur Leiterin einer evangelischen Landeskirche eine logische Folge der in den letzten Jahrzehnten eingeführten Frauenordination ist. Der Blick in die Geschichte ist also unerlässlich für das Verständnis der gegenwärtigen Situation. Er wird zugleich erhellen, warum die Mehrheit der weltweiten Christenheit sich bisher gegen die Frauenordination sperrt und manche Kirchen zudem auch Frauen in geistlichen Führungsämtern (z.B. als Älteste bzw. Presbyter) ablehnen. Es soll aber auch aufgezeigt werden, in welchen Bereichen der Gemeinde die Mitarbeit der christlichen Frau erwünscht und von Gott legitimiert ist. Dass es sich dabei nicht nur um Randberei-

[2] Vgl. *idea-spektrum* 15/1992, 14ff. und 16/1992, 8.

[3] Zitiert in: *idea-spektrum* 16/1992, 8.

che des Gemeindelebens handelt, wird der Leser schnell bemerken.

1.1 Kirchengeschichtlicher Überblick

Die Frage, ob Frauen ein gemeindeleitendes Pastorenamt begleiten dürfen, ist bis zur Mitte des 20. Jahrhunderts nur selten gestellt worden. Es gab weithin einen konfessionsübergreifenden Konsens darüber, dass die biblischen Aussagen („Die Frau schweige in der Gemeinde", 1 Kor 14,34; „einer Frau gestatte ich nicht zu lehren", 1 Tim 2,12) so zu verstehen sind, dass eine Frau weder Pastorin noch Presbyterin (Ältestin) werden darf. Auch in leitenden Positionen christlicher Werke waren Frauen, von Ausnahmen abgesehen (z.B. Diakonissenmutterhaus), nicht zu finden. Ihr Mitwirken am Gemeindeleben beschränkte sich im wesentlichen auf die Frauen- und Kinderarbeit sowie den diakonischen Dienst. Dies hat sich seit etwa 1950 geändert.

Die Frauenbewegung des 19. Jahrhunderts trat für verbesserte Lebensverhältnisse der Frau ein mit dem Ziel, die Gleichstellung von Mann und Frau in der Gesellschaft zu erreichen. Die Kirchen verhielten sich zunächst zurückhaltend, konnten sich aber bald nicht mehr den Forderungen der Frauenbewegung verschließen. So kommt es 1908 zur Zulassung der ersten Frau zum Studium der evangelischen Theologie an der Universität Zürich.[4] Bereits Anfang der zwanziger Jahre des letzten Jahrhunderts gab es in Deutschland etwa einhundert evangelische Theologinnen. Sie erhielten die Möglichkeit, als

[4] Vgl. S. Kahl-Passoth, „Pfarrerin/Pastorin". In: Ökumene-Lexikon, hrsg. von H.Krüger/W.Löser/W.Müller-Römheld, Frankfurt/Main ²1987, 962.

„Vikarin" in kirchlicher Anstellung zu arbeiten. Allerdings beschränkte sich ihr Dienst auf Frauen-, Kinder- und Jugendarbeit sowie auf Seelsorge in Krankenhäusern, Altenheimen und Gefängnissen. Zum Predigen im Gottesdienst, zu Amtshandlungen und zur Sakramentsverwaltung wurden sie zunächst nicht zugelassen. Erst seit 1958 gingen die deutschen evangelischen Landeskirchen dazu über, Theologinnen ihren männlichen Kollegen völlig gleichzustellen.[5] Als letzte Landeskirche hat die Evangelisch-Lutherische Landeskirche Schaumburg-Lippe am 5. Oktober 1991 die Ordination von Frauen zum geistlichen Amt beschlossen.[6] Die Freikirchen Deutschlands hinken, wie so oft bei Fragen der Anpassung an den Zeitgeist, um einige Jahre hinter den Landeskirchen her. Die Evangelisch-methodistische Kirche hat 1966 die erste Pastorin angestellt und wird zur Zeit (2015) von einer Bischöfin geleitet. Der Bund Evangelisch-Freikirchlicher Gemeinden (Baptisten- und Brüdergemeinden) als größte Freikirche hat nach einem langen Entscheidungsprozeß im Jahr 1992 die Frauenordination beschlossen, der Bund Freier evangelischer Gemeinden zog 2010 nach. Während einige andere Freikirchen (Brüdergemeinden, russlanddeutsche Baptisten und Mennoniten usw.) die Frauenordination (noch) ablehnen, hat eine der kleinsten deutschen Freikirchen, die im 19. Jahrhundert gegründete Heilsarmee, eine Ausnahmestellung inne: Sie vertritt seit ihrer Gründung die volle Gleichberechtigung in allen Ämtern.

---

5 Vgl. O. Böcher, „Vikarin". In: ^{3}*RGG*, Bd.6, 1397f.

6 Vgl. *idea-spektrum* 41/1991, 6.

Innerhalb eines relativ kurzen Zeitraums wurde also in vielen evangelischen Kirchen für überholt erklärt, was fast 2000 Jahre in der christlichen Kirche galt. Haben sich folglich unsere Vorfahren geirrt - über 19 Jahrhunderte lang? Und welche Gründe waren im einzelnen dafür verantwortlich, dass es zur Frauenordination gekommen ist?

1.2 Gründe für die Einführung der Frauenordination

Wie allgemein bei geschichtlichen Prozessen monokausale Erklärungen für das Zustandekommen von Fakten zu kurz greifen, hat man auch für die Einführung der Frauenordination mehrere Ursachen zu berücksichtigen.

1.2.1 Zugeständnisse an den Zeitgeist

Es wurde bereits darauf hingewiesen, dass die Frauenbewegung des 19. Jahrhunderts mit ihrer Forderung, die völlige Gleichstellung von Mann und Frau zu erreichen, auch Eingang in die christlichen Kirchen fand. Dies geschah freilich nur zögernd und stets mit einem zeitlichen Abstand zum säkularen Bereich. Doch je radikaler die Frauenbewegung ihre Forderungen vortrug, desto mehr wurden die Landeskirchen, die ja „Volkskirche“ sein wollen, mit der Frage konfrontiert, wie sich die Gleichstellung im Bereich der Kirche zu zeigen habe. Nachdem der Gesetzgeber in Artikel 3 des Grundgesetzes die Gleichberechtigung der Geschlechter festgeschrieben hatte und immer mehr Frauen in Berufe drängten, die bisher nahezu ausnahmslos von Männern ausgeübt wurden, meinten auch viele Führer der evangelischen Kirchen, nicht länger den in ihren Augen schizophrenen Zustand aufrechterhalten zu können, Richterinnen, Ärztinnen, Politikerinnen usw. unter der eigenen Kanzel sitzen zu haben, zugleich aber Pastorinnen abzulehnen. Entwicklungen in der Profangesellschaft wurden also auf die Kirche übertragen, der Zeitgeist fand Eingang. Doch mit dem Zeitgeist lassen sich keine theologischen Grundsatzentscheidungen begründen.

1.2.2 Neuinterpretation von Bibelstellen

Die christliche Theologie begründet ihre Überzeugungen mit der Bibel. Da die Bibel aber nach einmütiger Ansicht der bisherigen Ausleger keine Pastorinnen zulässt, musste eine Neuinterpretation jener Bibelstellen einsetzen, die den Frauen das Predigen untersagen. Die modernen Ausleger haben sich nun gegenseitig überboten, um deutlich zu machen, dass es sich beim Unterordnungs- und Schweigegebot in 1 Kor 14,33ff. nicht um eine göttliche Anweisung, sondern eine Sitte der damaligen Zeit handle, an die wir heute nicht mehr gebunden seien. So urteilt der in evangelikalen Kreisen geschätzte Bibelausleger Werner de Boor: „Der Satz des Paulus *Es ist eine Schande für eine Frau, zu reden in einer Gemeinde* gilt einfach für uns nicht mehr. Keiner von uns wird so empfinden, und ein Paulus würde diesen Satz heute nicht mehr einer Gemeinde schreiben können."[7] Oft werden die Verse 33b bis 36 auch einfach als nicht von Paulus stammend, sondern als nachträgliche Einfügung in den Text erklärt, was ihre Autorität schwächen soll, jedoch mit den Handschriften des griechischen Grundtextes in keiner Weise begründet

---

[7] Werner de Boor, *Der erste Brief des Paulus an die Korinther* (Wuppertaler Studienbibel), Wuppertal [4]1977, 248.

werden kann und daher als bloße Vermutung zurückzuweisen ist.[8] Differenzierter und des Nachdenkens wert sind die Ausführungen des Exegeten Wendland, der aufgrund von Vers 35a vermutet, Paulus habe nicht geistgewirktes Sprechen der Frauen (z.B. Sprachenrede, Prophetie), sondern nur ein Dazwischenfragen verbieten wollen, um die Ordnung in den gottesdienstlichen Versammlungen zu gewährleisten. Denn es sei leicht vorstellbar, dass die verschiedenen Geistesäußerungen bei den Frauen Anlass zum Nachfragen gegeben hätten. Diese Fragen aber sollten die Frauen nicht im Gottesdienst stellen, sondern daheim ihre Männer fragen.[9]

Auch die zweite Bibelstelle, die ein ausdrückliches Lehrverbot für die Frau ausspricht, 1 Tim 2,12, wird von vielen Auslegern scharfer Sachkritik unterzogen. Ein Paulusschüler habe entsprechend der allgemeinen Sitte der Antike die Frau zur Unterordnung unter den Mann angewiesen und ihr das öffentliche Lehren verboten.[10] Da wir uns jedoch heute in vielen Bereichen von den Sitten des Altertums gelöst hätten, könne auch jene „Sitte" unbeachtet bleiben, die der Frau das öffentliche Lehren untersage.

---

[8] So z.B. Hans Conzelmann, *Der erste Brief an die Korinther* (Meyers kritisch-exegetischer Kommentar über das Neue Testament), Göttingen 1969, 290, und Wolfgang Schrage, *Der erste Brief an die Korinther*, 3. Teilband (1 Kor 11,17-14,40), (Evangelisch-Katholischer Kommentar zum NT, Bd. VII/3), Zürich und Düsseldorf 1999, 458.479ff. Schrage ist von einem nachträglichen Zusatz so fest überzeugt, dass er die beiden Verse 34f. erst im Anhang zu 1 Kor 14 behandelt.

[9] Vgl. Heinz-Dietrich Wendland, *Die Briefe an die Korinther* (Das Neue Testament Deutsch), Göttingen [12]1968, 132. Ähnlich sieht es auch Heiko Krimmer, *Erster Korintherbrief* (EDITION C-Bibelkommentar zum NT), Neuhausen-Stuttgart [2]1990, 326.

[10] Vgl. z.B. Jürgen Roloff, *Der erste Brief an Timotheus* (Evangelisch-Katholischer Kommentar zum Neuen Testament, Bd. XV), Zürich 1988, 135-147.

1.2.3 Neubewertung des Zeugendienstes

Als dritter Grund für die Einführung der Frauenordination ist die „Entdeckung" zu nennen, dass viele Stellen des Neuen Testamentes Frauen scheinbar als Predigerinnen zeigen. So wird etwa daran erinnert, dass die ersten Zeugen der Auferstehung Christi Frauen gewesen sind, die vom HErrn selbst den Auftrag erhielten, den Jüngern vom Auferstandenen zu berichten (Mt 28,7.10). Oder es wird die Vermutung geäußert, dass die in Römer 16,1 genannte Diakonin Phöbe nicht nur diakonische Arbeit verrichtet, sondern, in Anlehnung an den predigenden Diakon Philippus (vgl. Apg 6,5 und 8,12), auch als Predigerin gewirkt habe. Kurz: Jede Stelle der Bibel, die auch nur entfernt einen predigtähnlichen Dienst einer Frau andeutet, wird aufgebläht zu einem Beweis dafür, dass Pastorinnen eine Gott wohlgefällige Einrichtung seien.

1.3 Gründe für die Ablehnung der Frauenordination

Doch was ist auf die genannten Argumente für die Einführung der Frauenordination kritisch zu entgegen und welche Gründe lassen sich im Einklang mit der Heiligen Schrift nennen, die der Frauenordination ablehnend gegenüberstehen?

1.3.1 Abwehr des Zeitgeistes

Die Gesetze eines Landes stimmen nicht unbedingt mit den Geboten Gottes überein. Das Grundgesetz der Bundesrepublik Deutschland ist zwar in Teilen von jüdisch-christlichem Gedankengut geprägt, legt aber zugleich im

Geist der Aufklärung die Gleichberechtigung von Mann und Frau fest und befindet sich damit durchaus nicht in Übereinstimmung mit dem Willen Gottes. Nach biblischer Aussage gibt es einen schöpfungsgemäßen Rangunterschied zwischen den Geschlechtern, der eine Gleichberechtigung ausschließt. In Gen 2,18 wird die Frau als „Hilfe“ für den Mann bezeichnet und nicht - umgekehrt - der Mann als Hilfe für die Frau. In logischer Konsequenz bezeichnet das Neue Testament, das allein die adäquate, weil geistgewirkte, Interpretation von Gen 2,18 zu geben vermag, den Mann als *nicht geschaffen um der Frau willen, sondern die Frau um des Mannes willen* (1 Kor 11,9), d.h. die Existenz des Mannes begründet die Erschaffung der Frau. Auch liegt bereits darin, dass der Mann als erster geschaffen wurde, eine Vorrangstellung begründet (vgl. 1 Tim 2,13). Und schließlich zieht Gott nach geschehenem Sündenfall zunächst Adam zur Rechenschaft, obwohl doch Eva die Sünde eingeführt hatte (vgl. Gen 3,9). All dies zeigt: Der Mann ist das Haupt der Frau (1 Kor 11,3)[11], er trägt aber auch in erster Linie die Verantwortung.

Diese von Gott in der Schöpfung angelegte und von der Bibel bezeugte Unterordnung der Frau unter den Mann ist freilich von den Männern - infolge des Sündenfalls - vielfach missbraucht worden. Sie haben über ihre Frauen geherrscht wie über Sklavinnen, anstatt sie zu lieben, wie die Bibel es fordert (vgl. Eph 5,25). Dabei haben sie sich vielfach auf Gen 3,16 berufen, wo von der Herrschaft des Mannes über die Frau als Folge des Sündenfalls ge-

---

[11] Vgl. auch Werner Neuer, *Mann und Frau in christlicher Sicht*, Gießen ^{4}1988, 66f.

sprochen wird. Doch mit Gen 3,16 gibt Gott dem Mann nicht den Freibrief, über seine Frau willkürlich zu herrschen. Vielmehr sieht der Vers nur voraus, was nun als Folge der Sünde eintreten wird: Der Mann wird die ihm von Gott in der Schöpfungsordnung zugesprochene Vorrangstellung missbrauchen, um über die Frau tyrannisch zu herrschen. (Um diesen Sachverhalt in der Übersetzung zum Ausdruck zu bringen, sollte man statt *er soll über dich herrschen* besser *er wird über dich herrschen* übersetzen.) In einer christlich geführten Ehe wird der Mann jedoch durch die Wiedergeburt befähigt, negative, durch die Sünde bewirkte Verhaltensweisen zu durchbrechen. Als Kennzeichen der Christen gilt die Liebe (Joh 13,34f.). Sie soll auch in der Ehe die zentral gestaltende Kraft sein (Eph 5,25). Daher wird in der christlichen Ehe - zumindest theoretisch - der Zustand vor dem Sündenfall wiederhergestellt: Die Frau ist ihrem Mann untergeordnet (Eph 5,22; Kol 3,18; 1 Petr 3,1), der Mann aber herrscht nicht willkürlich über seine Frau, sondern sorgt in Liebe für sie (Eph 5,25).[12] Dass dies in vielen christlichen Ehen nicht der Fall ist und somit ein Zerrbild von Ehe als die Regel erscheint, ist gleichwohl kein Grund, die Schöpfungsordnungen aufzuheben, wie von der feministischen Bewegung erstrebt. Denn sollte etwa der menschliche Missbrauch Gottes gute Ordnungen aufheben? Wenn daher in unseren Tagen die Gleichberechtigung von Mann und Frau gefordert wird, so ist dies die Forderung von Menschen, die sich über Gottes Gebote hinwegsetzen. Der

[12] Vgl. Peter Brunner, „Das Hirtenamt und die Frau“. In: Ders., *Pro Ecclesia. Gesammelte Aufsätze zur dogmatischen Theologie*, Berlin/Hamburg 1962, 330f.

Zeitgeist fordert die Gleichstellung von Mann und Frau.[13] So wie Männer durch ihre berufliche Stellung Macht über andere, Männer wie Frauen, ausüben, soll dies auch den Frauen ermöglicht werden. Und so begleiten heute viele Frauen Macht ausübende Berufe. Sie arbeiten als Politikerin oder Professorin, Richterin oder Managerin, und sie üben in diesen Berufen auch über Männer Macht aus, was dem Willen ihres Schöpfers entgegensteht. Die Zustände der sich nicht an Gottes Wort haltenden ungläubigen Menschen mögen wir bedauern; doch sie sind normal. Denn von Nichtchristen können wir nicht erwarten, sich nach Gottes Willen zu richten. Doch dass die christliche Kirche die „Welt" zu kopieren beginnt, dass der Zeitgeist mit einem christlichen Mäntelchen umhängt und in der Kirche hoffähig gemacht wird, das sollten wir beklagen und zu verhindern suchen. - Und mit welchem Recht können wir andere unchristliche Entwicklungen aus der Kirche fernhalten, wenn wir erst einmal begonnen haben, **eine** zu dulden? Wer mit dem Hinweis auf die heutige Stellung der Frau in unserer Gesellschaft die Frauenordination begründet, muss sich nicht wundern, wenn mit einem vergleichbaren Argumentationsgang uneheliche Lebensgemeinschaften, praktizierte Homosexualität, Abtreibung u.ä. gutgeheißen werden, Verhaltensweisen, die heute als normal gelten, von denen Gott aber gesagt hat, sie seien ein Gräuel. „Wir können nicht vermeiden, dass die Vögel über unserem Kopf fliegen; aber wir können verhindern, dass sie auf unserem Kopf ein Nest bauen." Dieses Martin Luther zugeschriebene Wort mag in unse-

[13] Vgl. die 1994 beschlossene Ergänzung zum Artikel 3, Abs. 2 GG, in dem es nun heißt: „Der Staat fördert die tatsächliche Durchsetzung der Gleichberechtigung von Frauen und Männern und wirkt auf die Beseitigung bestehender Nachteile hin."

rem Zusammenhang so interpretiert werden: Wir können die gottlose Welt nicht an ihrem Treiben hindern; aber wir können vermeiden, dass sie in die christliche Kirche Eingang findet und unser Verhalten bestimmt.

1.3.2 Saubere Auslegung von Bibelstellen

Der unbefangene Bibelleser reibt sich verwundert die Augen, wenn er die heutigen Auslegungen jener Bibelstellen zur Kenntnis nimmt, die eigentlich der Frauenordination entgegenstehen; denn sie erklären den Wortlaut der Stellen mit dem Hinweis auf eine antike Sitte für überholt. Bei der Lektüre von etwa 1 Tim 2,11ff. wird jedoch deutlich, dass die Begründung für das Lehrverbot der Frau keineswegs in der damaligen Sitte liegt. Nicht eine zeitgeschichtliche, sondern eine theologische Begründung wird gegeben. Denn Vers 13 sagt unmissverständlich, dass die Frau deshalb nicht lehren soll, weil sie dem Mann, der als erster geschaffen wurde, nachgeordnet ist. Und Vers 14 fügt als zweite Begründung für das Lehrverbot der Frauen die Tatsache an, dass die erste menschliche Sünde von einer Frau begangen wurde. Zwei zeitlose theologische Begründungen, die im 21. Jahrhundert ebenso gelten, wie sie im 1. Jahrhundert galten, untersagen der Frau das Lehren.[14]

Ist der Frau nun durch 1 Tim 2,12 generell das Lehren verboten? Keineswegs! Während im Judentum zur Zeit Jesu die Frau eine sehr untergeordnete Rolle spielte und z.B. am gottesdienstlichen Geschehen nur als Zuschauerin auf der Empore oder in einem besonderen Raum teilneh-

---

[14] John Piper/Wayne Grudem (Hrsg.), *Die Rolle von Mann und Frau in der Bibel*, Friedberg 2008, 232ff.

men konnte, erfährt sie durch Jesus und die christliche Gemeinde eine große Aufwertung, die ihrer schöpfungsgemäßen Stellung entspricht. Zwar bleibt sie, wie die Schöpfungsordnung es vorsieht, dem Mann weiterhin unterstellt, ist aber nun zur aktiven Mitarbeit in der christlichen Gemeinde aufgefordert. Wenn nämlich die Begründung für das Lehrverbot in der Gemeindeversammlung darin besteht, dass die Frau dem Mann durch die Schöpfungsordnung unterstellt ist, gilt das Lehrverbot nur dort, wo Männer anwesend sind. Denn da der Lehrende stets dem Belehrten übergeordnet ist, würde eine Frau, die eine gemischte Versammlung belehrt, den anwesenden Männern übergeordnet sein, was sich aber mit der Schöpfungsordnung nicht vertrüge. Dagegen steht es nicht im Gegensatz zur Schöpfungsordnung, wenn eine Frau andere Frauen oder Kinder unterweist. Ja, die Heilige Schrift fordert die Frau sogar auf, ihresgleichen zu belehren (vgl. Tit 2,3f.). Die Bibel weist somit klar die Ansicht jener zurück, die behaupten, wenn die Frau nicht lehren dürfe, gelte dies absolut. Frauen dürfen Frauen sowie Kinder (2 Tim 1,5) lehren; sie dürfen aber nicht Männer unterweisen, weil sie sich damit denen überordnen würden, denen sie laut Schöpfungsordnung unterstellt sind.

Ähnliches wie zu 1 Tim 2,12f. ist auch im Blick auf die Auslegung von 1 Kor 14,33ff. zu sagen. Das Schweige- und Unterordnungsgebot ist auch hier im Zusammenhang mit der Versammlung der gesamten Gemeinde zu sehen. Weil dort auch Männer anwesend sind, ist die Frau zur Zurückhaltung und Unterordnung aufgerufen. Wenn sie das Wort ergriffe und lehrte, würde sie sich als Lehrende über die anwesenden Männer stellen und zugleich die Schöpfungsordnung durchbrechen. Wenn Paulus in Vers 35 sagt, es sei für eine Frau schändlich, in der Gemeinde zu reden, so ist damit nicht eine Anspielung auf die damalige Sitte gemacht, sondern auf die Schöpfungsordnung. Dies untermauert der Apostel mit Vers 37, wo er ausdrücklich von des *Herrn Gebot* spricht, womit natürlich nicht, wie manchmal vermutet, das ganze Kapitel 14 ohne die Verse 33 bis 36 gemeint ist, sondern einschließlich der Verse 33ff.

Auch die oben (vgl. Abschnitt 1.2.2) kurz dargestellte Auffassung, Paulus habe mit Vers 34f. nicht geistgewirktes Reden der Frauen (z.B. Prophetie), sondern nur störendes Dazwischenreden verhindern wollen, kann nicht überzeugen. Denn der Kontext zeigt klar, dass das im griechischen Grundtext stehende Wort „laleo" (= sprechen, reden) keineswegs ein Dazwischenreden meint, sondern auf die Weitergabe von geistgewirkter Lehre hinweist (vgl. die Verse 27 bis 29, wo jeweils „laleo" auf die Betätigung einer Geistesgabe bezogen ist). Zudem ist die Bedeutung des in Vers 34 gebrauchten Wortes „sigao" wirklich „schweigen" im Sinne von: nichts sagen, still sein (vgl. die Verse 28 und 30, wo jeweils wirkliches Schweigen gemeint ist). Im übrigen bliebe auch merkwürdig, warum ausgerechnet nur Frauen dazwischenreden und nicht auch Männer. Daher gilt es festzuhalten, dass 1 Kor 14,34f. der Frau auf jeden Fall das Lehren und vielleicht auch das geistgewirkte Reden - vor allem also das prophetische und das Reden in einer anderen Sprache - in der gottesdienstlichen Gemeindeversammlung untersagt.

Viele sehen nun einen Widerspruch zwischen 1 Kor 14,33ff. und 1 Kor 11,5. Doch schon unter der Voraussetzung, dass Paulus ein kluger Gelehrter war, ist es schwer vorstellbar, dass er sich innerhalb dieses kurzen Abschnittes widersprochen haben sollte. Nimmt man dann noch den weit schwerer wiegenden Tatbestand hinzu, dass die Heilige Schrift das unfehlbare Wort Gottes ist, so ist ein Widerspruch schlicht undenkbar. Daher haben Ausleger schon seit langem verschiedene Möglichkeiten geboten, diesen scheinbaren Widerspruch zu erklären. Bereits Bengel wies in seinem „Gnomon" darauf hin, dass es sich in 1 Kor 11,5 ja nicht um Weissagungen von Frauen innerhalb der gottesdienstlichen Versammlung handeln muss.[15] In den damaligen Großfamilien gab es Hausandachten (vgl. Apg 2,46), an deren Gebetsgemeinschaften sich auch Frauen mit ihren Charismen beteiligen durften (vgl. Apg 21,7-14, wo klar gezeigt wird, dass die Gabe der Prophetie auch im kleinen Kreis praktiziert wurde). Dort jedoch, wo die ganze Gemeinde zusammenkam, galt die Anweisung von 1 Kor 14,33ff. Dies deckt sich auffallend mit den Berichten über die alttestamentlichen Prophetin-

15 Vgl. Johann Albrecht Bengel, *Gnomon* (Erklärung zur Stelle 1 Kor 11,5) und Neuer, a.a.O., 108f. und 197f. - Der katholische Theologe Manfred Hauke zeigt in seiner breit angelegten Dissertation *Die Problematik um das Frauenpriestertum vor dem Hintergrund der Schöpfungs- und Erlösungsordnung* (Paderborn ^{3}1991, S. 367ff.) noch eine andere Möglichkeit, den scheinbaren Widerspruch zwischen 1 Kor 11,5 und 1 Kor 14,33ff. zu lösen. Er hält für denkbar, dass auch in 1 Kor 11 die öffentliche Gemeindeversammlung vorausgesetzt ist. Weil aber Paulus an dieser Stelle nur den Missstand, dass Frauen mit unbedecktem Haupt auftreten, rügen wolle, verbiete er hier das Prophezeien nicht, sondern erwähne es nur (weil es eben in Korinth praktiziert wurde), ohne es aber zu billigen. Mit diesem Problem beschäftige er sich dann in 1 Kor 14,33ff., und dort verbiete er ausdrücklich das Reden der Frauen. - Diese Vorgehensweise praktiziert Paulus auch an anderen Stellen des 1. Korintherbriefes. So scheint er in Kapitel 8,10 die Beteiligung an einem Götzenopfermahl zu billigen; in Kapitel 10,21 hebt er dieses scheinbare Zugeständnis aber auf.

nen. Da sie von Gott begabt waren, wäre es ein Frevel gewesen, sie zum Schweigen zu verurteilen. Doch wie wirkten jene prophetisch begabten Frauen? Mirjam ermutigte die jüdischen Frauen zum Lob Gottes (Ex 15,20f.); Deborah und Hulda redeten, soweit wir sehen, nie öffentlich vor dem Volk, sondern nur zu einzelnen oder wenn sie gefragt wurden (Richter 4,4ff.; 2 Kön 22,14ff.). Jene Frauen hatten noch das heute vielen verlorengegangene Empfinden: Es ist für eine Frau schändlich, öffentlich zu reden (1 Kor 14,35).

Eine weitere Möglichkeit der Harmonisierung von 1 Kor 11,5 und 1 Kor 14,33ff. besteht in folgender Überlegung: Wir können heute nicht mit völliger Sicherheit behaupten, dass Frauen in gottesdienstlichen Zusammenkünften der ersten Christen nicht prophetisch und in anderen Sprachen (Glossolalie) geredet haben und sich folglich 1 Kor 11,5 möglicherweise doch auf die Gesamtgemeinde und nicht nur auf die Hauskreissituation bezieht. Was aber würde unter diesen Voraussetzungen Paulus in 1 Kor 14,33ff. untersagen? Er würde den Frauen nicht das prophetische Reden an sich verbieten, sondern die Teilnahme an der Prüfung und Erörterung von prophetischen Äußerungen. Denn nach 1 Kor 14,29 und 1 Thess 5,20f. soll jede Prophetie geprüft werden. Diese Prüfung soll aber nicht von Frauen, sondern nur von Männern durchgeführt werden, weil es hier letztlich um die Beurteilung von Lehrfragen in der Gesamtgemeinde geht, Frauen jedoch zur Lehre in dem offiziellen Gemeindegottesdienst nicht befugt sind (1 Tim 2,12). Für diese Auslegung spricht, dass Frauen zu Hause ihre Männer durchaus fragen dürfen (1 Kor 14,35), welche Relevanz diese oder jene im Gottesdienst geäußerte prophetische Rede hat und wie sie zu verstehen ist.[16]

Manche Ausleger ziehen 1 Kor 11,5 auch noch in einer anderen Weise als Beleg dafür heran, dass das Lehrverbot für die Frau überholt sei. Sie argumentieren: Wenn die Anweisung, der Frau das Lehren und geistgewirkte Reden in der Gemeindeversammlung zu verbieten, auch heute noch gelten solle, dann müsse man auch die Sitte einführen, dass Frauen beim Gebet eine Kopfbedeckung tragen. Doch was heißt hier „Sitte"? Warum tragen viele christliche Frauen beim Gebet eigentlich keine Kopfbedeckung mehr? 1 Kor 11 begründet doch die Kopfbedeckung wiederum keineswegs zeitgeschichtlich mit antiken Gebräuchen, sondern theologisch. Die Kopfbedeckung der Frau beim Gebet ist keine Sitte, sondern ein aus ihrer Unterordnung unter den Mann resultierendes Verhalten, das außerdem noch das Wohlgefallen und die Zustimmung der bei den Gebeten anwesenden und das Einhalten der Schöpfungsordnung überwachenden Engel findet (vgl. Vers 10).[17] Daher sollte man sich hüten, christliche Frauen zu belächeln, die für sich das Tragen einer Kopfbedeckung während des Gebets als göttliche Weisung erkannt haben.

Als letzte Bibelstelle sei noch kurz auf Gal 3,28 verwiesen. Wenn hier die Unterschiede zwischen Knecht und Freiem, zwischen Mann und Frau *in Christus* als aufgeho-

---

16 Vgl. Wayne Grudem, *Biblische Dogmatik. Eine Einführung in die systematische Theologie*, Bonn und Hamburg 2013, 1042; Eckhard J. Schnabel, *Der erste Brief des Paulus an die Korinther* (Historisch Theologische Auslegung), Wuppertal 2006, 846; John Piper/Wayne Grudem (Hrsg.), *Die Rolle von Mann und Frau in der Bibel*, Friedberg 2008, 185ff.

17 Vgl. Neuer, a.a.O., 106.

ben dargestellt werden, so gilt dies natürlich nur vor Gott im Blick auf das Heil. Sie werden alle, unabhängig vom sozialen Status und Geschlecht, durch Christus gerettet, wie Vers 26 deutlich sagt. Aber selbstverständlich sind die irdischen sozialen und geschlechtlichen Unterschiede nicht aufgehoben. Der Sklave bleibt Sklave und somit seinem irdischen Herrn zum Gehorsam verpflichtet, wie etwa Eph 6,5f. darlegt. Und die Frau bleibt Frau und somit dem Mann untergeordnet, wie Eph 5,22f. sagt. Es ist abwegig und zeugt von wenig theologischem Verständnis, mit Gal 3,28 die Frauenordination begründen zu wollen.

Der unvoreingenommene Bibelleser, der die Heilige Schrift ohne die Brille des emanzipatorischen Zeitgeistes liest, sauber auslegt und ernst nimmt, kommt an der Feststellung nicht vorbei, dass jene Bibelstellen, die das Lehrverbot für die Frau formulieren, wegen ihrer theologischen Begründung heute noch die gleiche Geltung haben wie vor zweitausend Jahren. Die Behauptung, es handle sich beim Lehrverbot nur um eine antike Sitte, nimmt den Bibeltext in seinem Wortlaut und Zusammenhang nicht ernst.

1.3.3 Frauen als Zeuginnen

Die Behauptung, der auferstandene HErr Jesus habe die Frauen mit seiner Anweisung, den Jüngern von seiner Auferstehung zu berichten, zur öffentlichen Predigt des Wortes Gottes ermächtigt, entbehrt jeder Grundlage. Schon der Blick in den griechischen Grundtext zeigt, dass nirgends in den Auferstehungsberichten (Mt 28; Mk 16; Lk 24 und Joh 20) das den öffentlichen Verkündigungsdienst bezeichnende Wort „kerysso" im Zusammenhang mit den die Auferstehung bezeugenden Frauen erscheint. Während z.B. die in Mt 10 ausgesandten Jünger ausdrücklich zum öffentlichen Predigen (Vers 7 steht eben jenes Wort „kerysso") angehalten werden, befiehlt der auferstandene HErr den Frauen in Mt 28,10, den Jüngern von seiner Auferweckung zu „berichten". Das hier im Griechischen stehende Wort „apaggello" bedeutet primär „Meldung machen, ansagen, berichten".

Noch auffälliger ist dieser Zusammenhang in Mk 16. Während es von Maria von Magdala heißt, sie „berichtete" (apaggello) den Jüngern von Jesu Auferstehung (Vers 10), steht nur fünf Verse später das Wort „predigen" (kerysso), allerdings nun auf das Tun der Jünger bezogen. Warum wird nicht auch das Weitersagen der Maria als „Predigen" bezeichnet? Weil sie als Frau nicht zu diesem Dienst ermächtigt ist. Was folglich waren die Frauen, als sie den Jüngern von des HErrn Auferweckung berichteten? Sie waren Zeuginnen, die von dem erzählten, was sie erlebt hatten. Ein Zeuge aber ist noch kein Prediger. Daher ist es verfehlt, die an die Frauen von dem HErrn Jesus ergangene Berufung zum Zeugendienst auf eine Berufung zum Predigen auszuweiten.

Wenn aber, wie von manchen hartnäckig behauptet, der Zeugendienst der Frauen nach der Auferweckung Jesu doch einer Berufung zum Predigtdienst gleichkomme, warum, so wird der unbefangene Bibelleser fragen, hat Jesus dann nicht jegliche Missverständnisse ausgeschlossen und Frauen auch unter seine Apostel berufen? Dass der Sohn Gottes die Frauen aufgewertet und vor Diskriminierungen zu schützen versucht hat, darüber besteht kein Zweifel (vgl. z.B. Mk 10,1-12). Doch nie hat Er der Frau einen Platz zugestanden, der nicht im Einklang mit der Schöpfungsordnung stand. Daher berief der HErr keine Apostolinnen und lag damit auf der Linie des Alten Testaments, in dem es keine Priesterinnen gab. Daher setzten die Apostel auch keine Pastorinnen oder Ältestinnen in den neu entstandenen christlichen Gemeinden ein, obwohl in der hellenistischen Umwelt Priesterinnen in Amt und Würde standen und im übrigen auch Ärztinnen, Unternehmerinnen und sogar Soldatinnen anzutreffen waren. Und daher lässt sich auch die vieldiskutierte Frage, ob hinter dem Rö 16,7 erwähnten Namen „Junian" ein Mann oder eine Frau stehe, wie folgt entscheiden: Da das ganze Neue Testament keine Apostolinnen kennt, kann entweder „Junian" keine Frau sein, oder die Formulierung *berühmt unter den Aposteln* bedeutet soviel wie: Andronikus und (die Frau) „Junian" sind „geachtet" unter den Aposteln, gehörten aber selbst nicht zum Apostelkreis. Geradezu töricht aber ist es, den Grundsatz jeder besonnenen Auslegung, eine doppeldeutige Stelle stets von den eindeutigen her zu erklären, zu ignorieren und zu behaupten, weil in Rö 16,7 ja theoretisch von einer Apostolin die Rede sein könnte, habe es in neutestamentlicher Zeit weibliche Apostel gegeben, obwohl doch das ganze Neue Testament ausdrücklich das Gegenteil lehrt.[18]

[18] Vgl. auch Hauke, a.a.O., S. 352ff., wo der Verfasser das Ergebnis seiner Untersuchungen zu der Frage des Geschlechts von „Junian" mit den folgenden Worten zusammenfasst: „Eine 'Apostolin Junia' scheint also in den Bereich des modernen Mythos zu fallen, der freilich schon antike Vorläufer kennt." (354)

So bleibt festzuhalten, dass Frauen nie von Gott zum öffentlichen Predigtamt berufen worden sind. Im Alten Testament gab es keine Priesterinnen, im Neuen Testament keine Apostolinnen, Pastorinnen oder Presbyterinnen, und in der fast zweitausendjährigen Kirchengeschichte gab es nur in Sekten (z.B. der Gnosis) Predigerinnen. Dass es von dieser Regel je und dann Ausnahmen gibt, wie manche behaupten, mag wohl sein (etwa im Kriegsfall, wenn die Pastoren Seelsorgedienst an der Front versehen). Gleichwohl fällt auf, dass das Alte Testament keine einzige Priesterin kennt und das Neue Testament keine einzige Apostolin oder Pastorin, obwohl, wie schon gesagt, in damaligen Religionen Priesterinnen bekannt waren. Der Gott der Bibel beruft Frauen in den Zeugen-, nicht aber in den Predigtdienst.

1.4 Frauen als Gemeindeälteste

Während die evangelischen Landeskirchen und mehrere Freikirchen in Deutschland die Frauenordination längst eingeführt haben, gibt es noch einige wenige evangelische Freikirchen, die die Frau im Pastorenamt ablehnen, sie aber als Ältestin (Presbyterin) akzeptieren. Wie ist diese Haltung aus biblischer Sicht zu beurteilen?

Das Neue Testament bezeichnet die Person, die die geistliche Leitung einer Gemeinde innehat, als Presbyter (= Ältester) bzw. als Episkopos (= Aufseher). Beide Begriffe können ausgetauscht werden (vgl. Apg 20,17.28 und Titus 1,5.7), sind aber dennoch nicht identisch. „Episkopos" verweist auf den Inhalt der Aufgabe, „Presbyter" dagegen auf das Anforderungsprofil des Amtsträgers. Der Leiter einer Gemeinde soll nicht jung im Glauben sein (1 Tim 3,6), sondern eine gewisse Glaubens- wie auch Lebenserfahrung mitbringen, er soll eben schon etwas „älter" sein. Denn nur eine mit Glaubens- und Lebenserfahrung ausgestattete Persönlichkeit ist geeignet, die „Aufsicht" (griech. episkope) über eine Gemeinde zu haben. Diese Aufsicht beinhaltet die Führung der Gemeinde wie des einzelnen Gemeindegliedes durch öffentliche Verkündigung von Gottes Wort in den Gemeindeveranstaltungen, durch Taufe und Abendmahl, seelsorgerliche Begleitung von Ratsuchenden wie auch durch Gemeindezucht. Zur Zeit des Neuen Testaments hat also der Älteste genau die Aufgaben ausgeführt, die heute dem Pastor zufallen. Damals nämlich konnte sich eine Gemeinde meist keinen völlig für geistliche Aufgaben freigestellten Ältesten leisten. Daher oblag die Gemeindeleitung ehrenamtlich tätigen Ältesten. Als aber die Gemeinden wuchsen und vom Staat anerkannt wurden, ließen sich einzelne Älteste hauptberuflich in den Dienst der Gemeindeleitung rufen. Diese als „Pastor" (= Hirte) bezeichneten Geistlichen sind also Presbyter (bzw. Älteste) mit besonderer Berufung, da sie hauptamtlich die Gemeindeleitung wahrnehmen. Gewöhnlich tuen sie dies mit einigen ehrenamtlichen Ältesten gemeinsam.

Es besteht nun kein Zweifel, dass das Neue Testament nur Männer für den Dienst des Ältestenamtes kennt (vgl. 1 Tim 3,2; Tit 1,6). Dies kann auch nach dem weiter oben Gesagten nicht verwundern. Denn wenn nur Männern die öffentliche Verkündigung von Gottes Wort anvertraut ist, diese aber ein wichtiger Aufgabenbereich des Ältestenamtes darstellt, ist es nur logisch, wenn dieses Amt auf

Männer beschränkt bleibt. Da aber das Neue Testament der Maßstab für Glaube und Leben der christlichen Kirche ist, ist es unbiblisch, wenn eine Gemeinde eine Frau ins Ältestenamt beruft. Inkonsequent handeln indessen jene Kirchen, die das Ältestenamt für Frauen öffnen, Pastorinnen aber ablehnen. Denn wie gerade aufgezeigt, ist ein Pastor nichts anderes als ein hauptamtlich tätiger Presbyter. Sobald also das Ältestenamt für Frauen geöffnet wird, was jedoch unbiblisch ist, ist es nur folgerichtig, auch Pastorinnen sowie Bischöfinnen zuzulassen. Denn auch ein Bischof ist nichts weiter als ein Pastor mit Sonderfunktion. Der entscheidende Fehler unterläuft stets dort, wo eine Synode oder Kirchenversammlung dafür eintritt, das Presbyteramt für Frauen zu öffnen. Der Älteste nämlich ist der Gemeindeleiter, der alle geistlichen Leitungsfunktionen ausübt. Da hierzu auch die Verwaltung der Heilszeichen bwz. Sakramente (Taufe und Abendmahl) gehört, sei noch einmal ausdrücklich erwähnt, dass Frauen weder die Abendmahlsliturgie halten noch taufen sollten. Zu denken geben sollte auch, dass, obwohl Jesus zahlreiche Jüngerinnen hatte, bei der Einsetzung des Heiligen Abendmahles nur die Apostel zugegen waren (vgl. Mk 14,17ff.).

1.5 Dienstbereiche für Frauen in der Gemeinde

Die Schöpfungsordnung Gottes bestimmt den Mann als das Haupt der Frau (1 Kor 11,3). Die Frauen sind zur Unterordnung unter die Männer verpflichtet (Eph 5,22), die Männer zur Liebe gegenüber den Frauen (Eph 5,25). Da stets der Leitende über dem Geleiteten, der Lehrende über dem Belehrten steht, ist einer Frau immer dann Leitung und Lehre verwehrt, wenn Männer anwesend sind. Denn eine Frau, die Männer unterweist, würde dadurch die Stellung des Mannes als Haupt beseitigen und ihre Stellung innerhalb der Schöpfungsordnung verlassen. Doch damit ist den Frauen nicht generell Leitung und Lehre untersagt. Die Gaben des Heiligen Geistes, die im NT erwähnt werden, werden selbstverständlich geschlechtsübergreifend gegeben. Auch Frauen können die Gabe der Lehre oder der Leitung empfangen.

In welchen Bereichen der Gemeinde können nun Frauen nach Gottes Willen mitarbeiten? Einige seien exemplarisch kurz vorgestellt.

1.5.1 Kinder- und Jugendarbeit

Zur Kinderarbeit fühlen sich nicht nur Mütter ganz besonders hingezogen. Auch unverheiratete Frauen haben häufig ein inniges Verhältnis zu den Kleinen. Frauen sind vom Schöpfer mit einer besonderen Liebe zu den Kindern ausgestattet. Sie macht ihnen den Zugang zum kindlichen Herzen leicht. Es verwundert nicht, dass viele gesegnete Diener Gottes tiefgläubige Mütter hatten, die ihnen bereits im Kindesalter die biblischen Wahrheiten durch Wort und Tat eindrücklich vermitteln konnten (2 Tim 1,5; 3,15). Frauen sind als Mitarbeiterinnen in Kindergottesdienst und Kinderstunde in der Regel weit besser geeignet als Männer und daher unverzichtbar.

In der gemischten Jugendarbeit ist die Mitarbeit von Christinnen oft nicht mehr so unproblematisch wie in Kinderstunden. Ab etwa dem 15. Lebensjahr bevorzugen viele Jungen männliche Mitarbeiter. Sie möchten sich von Frauen nichts mehr sagen lassen. Dies ist durchaus normal; denn im Mann liegt tief im Herzen ein Überlegenheitsgefühl gegenüber der Frau, was eine - durch die Sünde entstellte - Folge der in der Schöpfungsordnung angelegten Überordnung des Mannes (1 Kor 11,3) ist. Die Jugendmitarbeiterin wird sich von Gott zeigen lassen, wie lange sie unter den männlichen Jugendlichen arbeiten kann. Wenn sowohl männliche wie weibliche Mitarbeiter für die Jugendarbeit bereitstehen, ist das natürlich die ideale Lösung. Dann kann die Frau sich auf die heranwachsenden Mädchen konzentrieren.

1.5.2 Frauenarbeit

Wieviel Segen haben geistlich geprägte Frauen unter ihresgleichen gewirkt! Titus 2,3ff. fordert die älteren Frauen auf, die jüngeren Christinnen zu unterweisen. Frauen dürfen also durchaus lehren und leiten. Ihre Tätigkeit soll aber auf ihr eigenes Geschlecht sowie Kinder beschränkt bleiben. Dabei sind Beispiele aus der Kirchengeschichte bekannt, dass Frauen, die begabter als viele Pastoren waren, trotz Aufforderung der Versuchung widerstanden, eine Grenzüberschreitung zu vollziehen und in gemischten Versammlungen zu lehren. Gott bestätigte ihren Gehorsam und segnete umso mehr. Heute gibt es manche neuen Tätigkeitsfelder in der Frauenarbeit, die neben die traditionellen getreten sind (z.B. Frauenfrühstückstreffen), wo die Frauen ihre Gaben einsetzen und zeitgemäß das Evangelium verkündigen können.

1.5.3 Besuchsdienst

Im seelsorgerlichen Besuchsdienst sind Christinnen geradezu unverzichtbar. Pastoren stoßen schnell an ihre Grenzen, wenn sie bei frauenspezifischen Seelsorgefällen helfen sollen. Die einfühlsame, intuitiv Zusammenhänge erfassende Frau ist dem rational-sachlich analysierenden Mann nicht selten überlegen. Die natürlichen Begabungen der Frauen auf diesem Gebiet sollten gezielt gefördert und eingesetzt werden. Berufene und befähigte Frauen können auch vollzeitlich als Seelsorgerin an Frauen im Krankenhaus oder Gefängnis im Dienst stehen. (Allerdings sollten sie nicht als „Pastorin" bezeichnet werden, da sie keine Gemeindeleitung ausüben und dies auch terminologisch deutlich werden sollte.)

1.5.4 Musikalischer Bereich

Ein Blick auf Kirchenchöre zeigt schnell, dass Frauen in der Musik zu Hause sind. Oft sind zwei Drittel der Sänger weiblich. Im musikalischen Bereich öffnet sich für die Frau ein weites Tätigkeitsfeld in der christlichen Gemeinde. Sei es in der Leitung eines Flötenkreises, der Mitwirkung in einem evangelistischen Singkreis, einem Instrumentalkreis für besondere gottesdienstliche Anlässe, dem Gemeindechor, oder sei es die Begleitung der gottesdienstlichen Lieder mit Orgel oder Keyboard - begabte Christinnen finden hier erfüllende Aufgaben, die sie zur Ehre Gottes und zum Segen der Menschen einsetzen können.

1.5.5 Missionarischer Dienst

Selbstverständlich dürfen und sollen christliche Frauen missionarisch aktiv sein, sowohl im Inland wie im Ausland. Doch auch hier gilt: Grundsätzlich sollten Frauen keine gemeindeleitenden Aufgaben wahrnehmen, sondern sich auf die oben beschriebenen Bereiche beschränken. Freilich mag es Ausnahmen geben. Wie in der Kriegs- und Nachkriegszeit Diakonissen aus Mangel an männlichen Verkündigern auch in gemischten Versammlungen das Wort Gottes predigten, so kann auch auf dem Missionsfeld wegen Krankheit des leitenden Missionars ein Verkündigungsdienst der Frau auch vor Männern nötig werden. Doch hier liegen Ausnahmen vor, die die Regel nur bestätigen, dass Männern die Leitung von Gemeinden und Gottesdiensten vorbehalten bleibt.

Das gerade im missionarischen Bereich oft gehörte Argument, Gott segne aber auch die Missionsarbeit von Frauen, die Gemeinde leiten und öffentlich vor gemischtem Publikum predigen, vermag nicht zu überzeugen. Gottes Wort steht immer über jeder Erfahrung. Wer aufgrund seiner subjektiven Erfahrungen Gottes Anweisungen partiell außer Kraft setzt, gerät in den Bereich der Schwärmerei. *Gehorsam ist besser als Opfer* (1 Sam 15,22), sagt die Heilige Schrift kurz und eindringlich. Allerdings ist Gottes Gnade manchmal (aus uns verborgenen Gründen) so überwältigend, dass ER trotz offensichtlichem Ungehorsam Segen schenkt.

1.5.6 Frauen im Vorstand christlicher Werke

Unmittelbar evident ist, dass Frauen christliche Werke leiten sollen, deren Gegenstand Frauenarbeit ist. Dass die Leitung eines Diakonissenmutterhauses überwiegend aus Frauen besteht, wird kaum jemand in Frage stellen wollen. Doch wie verhält es sich etwa bei der Leitung eines Missionswerkes oder einer Bibelschule? Wenn uns der oben aufgestellte Grundsatz leitet, dass Frauen dort Leitung verwehrt ist, wo es sich bei den Geführten auch um Männer handelt, dann ergibt sich folgende Antwort: Frauen sollten dann nicht im Vorstand christlicher Werke mitarbeiten, wenn deren Gegenstand auch die Arbeit unter Männern ist. Denn sonst würde die Frau ihre Stellung innerhalb der Schöpfungsordnung verlassen. - Bis vor etwa fünfzig Jahren hat diese Regel übrigens in fast allen christlichen Werken Beachtung gefunden. Erst der Druck des emanzipatorischen Zeitgeistes hat in der jüngsten Vergangenheit zu weitreichenden Zugeständnissen geführt.

1.5.7 Praktische Hilfsdienste

In unserer auf Selbstverwirklichung ausgerichteten Zeit ist Dienen unmodern geworden. Nicht nur die vielen offenen Stellen im Pflegebereich und die stark rückläufigen Anmeldungen bei den Diakonissenmutterhäusern belegen dies. Auch in der christlichen Gemeinde ist es nicht immer leicht, Mitarbeiter für die „geringen Dienste“ zu finden.

Im Neuen Testament finden wir neben dem Ältestenamt das Diakonenamt. Während die Ältesten für die geistliche

Leitung der Gemeinde zuständig sind (1 Tim 3,1ff.), ist es die Aufgabe der Diakone, praktische Belange des Gemeindelebens zu regeln (Technik, Reinigung, Dekoration usw.). Im Unterschied zum Ältestenamt, zu dem nur berufene Männer zugelassen sind, lehrt die Bibel, dass das Diakonenamt sowohl von Männern (1 Tim 3,8ff.) als auch von Frauen bekleidet werden kann (1 Tim 3,11; Rö 16,1). Das Neue Testament stellt hohe Anforderungen an die Lebensführung der Diakone (vgl. 1 Tim 3,8ff. und Apg 6,3), deren Aufgabe die praktische Nächstenliebe ist. Doch zugleich soll jeder Christ, unabhängig von seinem offiziellen Gemeindeamt als Ältester oder Diakon, diakonisch tätig sein. Christliche Frauen (und Männer) finden hier ein weites Betätigungsfeld: gastfreundlich sein (1 Tim 5,10); Witwen und Waisen geistlich und materiell versorgen (Jak 1,27); Kranke pflegen (Mt 25,36); Schulaufgabenhilfe anbieten usw. Der diakonische Dienst entspricht ohne Zweifel in besonderer Weise dem weiblichen Naturell. Denn hier kann die Frau entfalten, was der Schöpfer in sie hineingelegt hat: eine Hilfe (Gen 2,18) und ein Beistand (Rö 16,2) für andere zu sein.

1.6 Ergebnis

Die Heilige Schrift lehrt die **Gleichwertigkeit** der Frau, da sie mit dem Mann zusammen als Gottes Ebenbild geschaffen wurde (Gen 1,27), wie der Mann für Sünden gerichtet (Apg 5,1ff.) und durch Jesus Christus aufgrund des Glaubens gerettet wird (Gal 3,28). Gott schuf sie als Hilfe und Ergänzung für den Mann, weshalb keine **Gleichartigkeit** von Frau und Mann vorliegt; vielmehr unterscheidet sich die Frau physisch wie psychisch von ihrem männlichen Gegenüber. Ebenso liegt keine **Gleichrangigkeit** vor. In der Schöpfungsordnung hat Gott die Frau dem Mann unterstellt, so wie Christus, der dem Wesen nach seinem Vater gleich ist (Joh 5,18; Phil 2,6), dem Rang und der Funktion nach unter seinem Vater steht (1 Kor 11,3; 15,28). Der Mann wird zuerst geschaffen und ist das Haupt der Frau (1 Tim 2,13; 1 Kor 11,3; Eph 5,23), die Frau eine Hilfe für den Mann (Gen 2,18), sie wurde um seinetwillen geschaffen (1 Kor 11,9), verdankt also ihr Dasein der Existenz des Mannes. Die Frau ist zur bewussten Unterordnung unter den Mann verpflichtet (Eph 5,22), der Mann zur selbstlosen Liebe gegenüber seiner Frau (Eph 5,25). Diese Zuordnung von Mann und Frau ist kein Ergebnis des Sündenfalls, sondern in der Schöpfung angelegt. Infolge des Sündenfalls ist allerdings der Mann, der eigentlich seine Frau in Liebe und Fürsorge leiten sollte, zum selbstsüchtigen Tyrann geworden. Durch die Wiedergeburt aber kann der Mensch - befreit vom Egoismus - wieder zur Liebe zurückkehren; das Verhältnis der Ehepartner kann wieder heil werden, theoretisch wie vor dem Fall. Weil Gott die Frau dem Mann unterstellt hat, gibt es keine **Gleichberechtigung** von Frau und Mann. So ist die Frau ausdrücklich vom Lehr- und Leitungsamt der Gemeinde ausgeschlossen. Aus folgenden Gründen lehnt die Heilige Schrift die Frauenordination ab:

a) Weil der Lehrende und Leitende stets über dem Belehrten und Geleiteten steht, würde die eine Gemeinde lehrende und leitende Frau aus ihrer Stellung der Unterordnung unter den Mann heraustreten und damit gegen Gottes Schöpfungsordnung verstoßen, die eindeutig die

Frau dem Mann nachordnet (1 Kor 11,3; 14,35; 1 Tim 2,12f.). (Schöpfungstheologisches Argument).

b) Das Neue Testament verbietet der Frau ausdrücklich das gemeindeleitende Amt und das öffentliche Lehren in der gottesdienstlichen Versammlung mit einem *Gebot des Herrn* (1 Kor 14,37) und mit Bestimmungen des Alten Testaments (1 Kor 14,34). (Schriftargument).

c) Wie Christus dem Vater untergeordnet ist, sollen die Männer Christus untertan sein und sich die Frauen den Männern unterordnen (1 Kor 11,3; Eph 5,22f.). Da es dem Mann nie in den Sinn käme, Christus, seinen Herrn, zu lehren und sich so über Ihn zu stellen, soll auch die Frau den Mann nicht lehren (1 Tim 2,12) und damit ihm unterstellt bleiben. (Christologisches Argument).

d) Im Alten Testament gab es keine Priesterinnen; Jesus berief, obwohl Er zahlreiche Frauen als Nachfolgerinnen hatte (vgl. Mk 15,40f.; Lk 8,2f.), nur Männer zu seinen Aposteln; in der ganzen Kirchengeschichte hat es bis ins 20. Jahrhundert, außer in sektiererischen Gruppen (z. B. der Gnosis), keine Pastorinnen gegeben (1 Kor 14,33b). (Ökumenisches Argument).

e) Der Pastor bzw. Gemeindeleiter repräsentiert Christus. Christus aber, der Sohn Gottes, musste ein Mann sein, weil Er wesensgleich mit dem Vater ist. Freilich steht der Schöpfer aller Dinge jenseits aller menschlichen Geschlechtlichkeit. Er wird aber dennoch von der Heiligen Schrift bevorzugt als „Vater" bezeichnet. Daher müssen die, die Ihn repräsentieren, Männer sein. (Theologisches Argument).

Die Ablehnung der Frauenordination wird vielfach als Diskriminierung der Frauen verstanden. Doch Vorsicht! Gott diskriminiert nicht. Sein Tun ist stets gerecht. *Wer bist du, o Mensch, dass du mit Gott rechten willst? Spricht auch ein Werk zu seinem Meister: Warum machst du mich so?* (Rö 9,20). Gott ist souverän, Aufgaben zu verteilen, wie Er es für richtig hält. Wer hier kritisiert, handelt vermessen und vergisst, dass er Mensch und Gott Gott ist. Im übrigen hat Gott das Pastorenamt ja keineswegs nur den Frauen vorenthalten. Auch die meisten Männer können nicht Pastor werden. Denn um Hirte werden zu können, muss man nicht nur Mann sein, sondern auch eine göttliche Berufung haben. Wie im Alten Testament nur die männlichen Nachkommen Aarons Priester werden konnten, nicht aber etwa die Nachkommen Moses oder Davids, so können im Neuen Testament nur diejenigen Pastor werden, die Jesus dazu beruft. Daher gibt es für niemanden ein Recht auf den Hirtendienst.

Wenn auch der Frau das Ältesten- bzw. Pastorenamt versagt bleibt und somit die Heilige Schrift die Autorität der Frauen begrenzt, so hat die christliche Frau dennoch viele andere Bereiche, in denen sie gemäß ihren Gaben in der Gemeinde dienen kann. Das NT fördert und wünscht die Mitarbeit der Christinnen. An zahlreichen Stellen erwähnt der Apostel Paulus mit großem Dank und aufrichtiger Anerkennung die Arbeit bestimmter gläubiger Frauen (vgl. Rö 16,1ff.). Wenn er ihnen nun auf Gottes Gebot hin andere Aufgaben zuordnet als den Männern, so kommt darin keine Abwertung der Frau zum Ausdruck, sondern der Gehorsam gegenüber den vom Schöpfer festgelegten

Ordnungen. Diese sehen vor, dass Frauen ihresgleichen unterweisen (Tit 2,3f.); selbstverständlich obliegt auch den Frauen die Erziehung und Belehrung der Kinder (2 Tim 1,5), der eigenen wie auch (in den Kinderstunden der Gemeinde) der fremden. Christinnen sind aber auch im Gebetsdienst (1 Tim 5,5), im seelsorgerlichen Besuchsdienst, in der diakonischen Arbeit (1 Tim 5,10), im musikalischen Bereich, kurz: überall da, wo sie Männer weder belehren noch Macht über sie ausüben (1 Tim 2,12), unverzichtbar. Die gläubige Frau, die um den für sie bestimmten Platz in der Gemeinde bittet, wird von Gott Antwort erhalten: eine Tätigkeit, die zugleich persönlich erfüllend wie auch segensvoll für andere ist.

1.7 Frauenordination - Spaltpilz der Christenheit?

In allen Gliedkirchen der EKD und in vielen Freikirchen sowie in den meisten Gemeinschaften des Gnadauer Verbandes ist die Frauenordination inzwischen eingeführt worden. Insofern entsteht in der Öffentlichkeit der Eindruck, dass es etwas ganz Normales ist, wenn eine Frau den Beruf des Pastors ergreift. Dies um so mehr, seitdem im Jahr 1992 sowohl die größte evangelische Freikirche Deutschlands, der Bund Evangelisch-Freikirchlicher Gemeinden (Baptisten- und Brüdergemeinden)[19], als auch die Anglikanische Kirche von England[20] die Frauenordination beschlossen haben. Hinzu kommt, dass inzwischen in einigen Landeskirchen der Anteil der Pastorinnen so stark angewachsen ist, dass in wenigen Jahr-

19 Vgl. *idea-spektrum* 23/1992, 6.

20 Vgl. *idea-spektrum* 47/1992, 15.

zehnten mehr Frauen im Pastorendienst stehen werden als Männer, man also mit Recht von einer Feminisierung der kirchlichen Ämter reden muss.[21] Doch wer einen Blick auf die weltweite Christenheit wirft, erhält ein differenzierteres Bild. Nicht nur die größte christliche Kirche, die katholische, die mit 1,2 Milliarden Mitgliedern die Hälfte der Christenheit darstellt, lehnt Priesterinnnen nach wie vor entschieden ab.[22] Auch die orthodoxen Kirchen und einige evangelikal geprägte Freikirchen[23] können in der Frauenordination nichts anderes als eine unbiblische Anpassung an den Zeitgeist erkennen. Nicht zu übersehen ist allerdings, dass die Gegner der Frauenordination mehr und mehr in die Ecke gedrängt und als «fundamentalistische Außenseiter» betrachtet werden. Besonders in den evangelischen Landeskirchen sind Stimmen zu hören, die jenen Pastoren, die die Frauenordination ablehnen, den Gewissensschutz vorenthalten wollen. So hat der Rat der EKD in einem Kommuniqué vom 17./18. Juli 1992 formuliert: «Nachdem in allen Gliedkirchen der Evangelischen Kirche in Deutschland die Ordination von Frauen in großer Einmütigkeit (dem ‹magnus consensus› der Bekenntnisschriften) als dem Glauben und der Lehre der Kirche entsprechend erkannt und eingeführt worden ist, die Pfarrerinnen und Pfarrer aber auf die Heilige Schrift und das reformatorische Bekenntnis verpflichtet und zum Einhalten der kirchlichen Ordnungen angehalten sind, kann

---

[21] Vgl. *Idea-spektrum* 5/2015, 32.

[22] Vgl. *Katechismus der katholischen Kirche*, München 1993, Nr. 1577 (S. 425) und „Erklärung der Kongregation für die Glaubenslehre zur Frage der Zulassung der Frauen zum Priesteramt", veröffentlicht in: *Verlautbarungen des Apostolischen Stuhls 117*, Bonn 1994, S. 11ff.

[23] Zu ihnen gehören (in Deutschland) die Brüdergemeinden, die Aussiedler-Gemeinden baptistischer und mennonitischer Prägung sowie einige kleinere Freikirchen.

es nicht akzeptiert werden, dass einzelne der von ihnen abgegebenen Verpflichtung öffentlich widersprechen.»[24] Praktisch hat heute ein Pastor der Landeskirche, der die Frauenordination ablehnt, keine Chance mehr, in ein kirchenleitendes Amt gewählt zu werden, und Vikare, die aus ihrer Kritik der Frauenordination keinen Hehl machen, müssen fürchten, nicht ordiniert zu werden und somit keine kirchliche Anstellung zu erhalten. Wer die Gleichberechtigung der Frau ablehnt, ist nicht nur ein Außenseiter in der Gesellschaft, sondern auch in vielen Kirchen. Werden nun jene Außenseiter als unerwünschte Personen aus ihrer Kirche hinausgedrängt, oder gehen sie aus eigener Entscheidung, weil ihr Gewissen es ihnen gebietet, so stehen weitere Gemeindeneugründungen bevor - die Frauenordination wird zu einer Art Spaltpilz der Christenheit.

[24] Zitiert in: *idea-spektrum* 48/1992, 6.

2 Die Stellung der christlichen Frau in der Gesellschaft

Die christliche Gemeinde wird immer von Entwicklungen der Gesamtgesellschaft berührt: In Deutschland wird seit etwa fünfzig Jahren sehr viel gereist - die Christen reisen kräftig mit, wie der stark gewachsene Markt christlicher Reiseanbieter eindrücklich zeigt; viele deutsche Paare leben unverheiratet zusammen - auch in den christlichen Gemeinden gibt es so viele Paare ohne Trauschein wie nie zuvor; Homosexuelle sind inzwischen weitgehend gesellschaftlich anerkannt - viele Kirchen bieten Segenshandlungen für homosexuelle Paare an und denken darüber nach, homosexuelle Paare bald auch wie heterosexuelle zu trauen. Verständlicherweise werden daher auch die christlichen Frauen vom Lebensstil ihrer ungläubigen Geschlechtsgenossinnen geprägt. Für diese aber sind weitgehend, wenn auch teilweise unbewusst, Errungenschaften und Ziele der Frauenbewegung richtunggebend: Gleichberechtigung in jeder Hinsicht. Die nichtchristliche Frau erlernt die gleichen Berufe wie die Männer, sie strebt Karriere, Reichtum und Erfolg an. Der Preis, den die Politikerinnen, Managerinnen usw. zahlen, ist oft sehr hoch. Sie entscheiden sich bewusst gegen Kinder und manchmal auch gegen die Ehe. Diese Verhaltensweisen aber werden zunehmend auch von christlichen Frauen übernommen. Auch ihre Lebensziele lassen sich mit Schlagwörtern wie Karriere und Erfolg beschreiben. Doch wie die christliche Gemeinde sich ihre Einstellung zur Homosexualität, Abtreibung oder Euthanasie nicht von säkularen Vorstellungen vorschreiben lassen sollte, sollten christliche Frauen ihre Verhaltensweisen nicht denen nicht-christlicher Frauen anpassen. *Stellet euch nicht dieser Welt gleich* (Rö 12,2) gilt auch für Christinnen bei Berufswahl und Lebenszielplanung. Wie nun sieht Gottes Wille aus für die christliche Frau in einer säkularen Gesellschaft? Was sagt die Bibel zur Stellung der christlichen Frau in der „Welt"?

2.1 Christen sind „Fremdlinge"

Gott sagt in seinem Wort, dass alle wirklichen Christen, Männer wie Frauen, „Fremdlinge" sind (Hebr 11,13; 1 Petr 1,1; 2,11). Das bedeutet: Christen leben wohl in dieser Welt, aber sie sind nicht von dieser Welt. Jesus nämlich hat sie aus der Welt erwählt (Joh 15,19; 17,14). Ihre Heimat ist im Himmel. Daher fühlen sie sich auch auf Erden nie richtig wohl, sondern verspüren lebenslang ein tiefes Sehnen, zu Jesus zu kommen. Weil sie auf Erden nur Fremdlinge und Gäste sind, sind sie Außenseiter. Die „Welt" spürt, dass die Christen nicht zu ihr gehören. Denn sie unterscheiden sich in ihrer praktischen Lebensgestaltung von den Ungläubigen. Diese Andersartigkeit ruft bei der „Welt" Befremden, Unverständnis und manchmal auch Hass hervor (1 Petr 4,4; Joh 15,19). Doch das soll die Gläubigen nicht irritieren. Vielmehr sollen sie konsequent ein Leben nach Gottes Maßstäben führen. Das bedeutet für die christliche Frau:

2.1.1 Dienende Berufe wählen

In unserem Kulturkreis ist es seit wenigen Jahrzehnten üblich, dass fast jede Frau einen Beruf erlernt. Daraus sind den Frauen manche Vorteile entstanden. Wenn eine junge Familie mit zwei kleinen Kindern plötzlich den Ehemann und Vater verliert, kann es für die Frau eine große Hilfe sein, wenigstens teilzeitlich in ihren erlernten Beruf zurückzugehen und so das Überleben der Familie zu sichern. Auch christliche Frauen nehmen diese Vorteile dankbar in Anspruch. Doch sollte die gläubige Frau bei der Berufswahl sich nicht von Karriere- und Verdienstmöglichkeiten leiten lassen, sondern die von Gott in die Schöpfungsordnung hineingelegten Prinzipien beachten. Weil Gott den Mann als Haupt der Frau eingesetzt hat, sind die Frauen - auch im profangesellschaftlichen Leben - grundsätzlich zur Unterordnung unter den Mann verpflichtet. Frauen sollten folglich keine Berufe anstreben, in denen sie über Männer herrschen und Macht ausüben. Freilich wird vor allem von seiten des Feminismus immer wieder bestritten, dass die Frau im Unterschied zum Mann weniger Neigung zum Herrschen und Leiten aufweise und stärker rezeptiv veranlagt sei. Doch die von feministischen Protagonistinnen aufgestellten Behauptungen, nach denen die Unterschiede der Geschlechter nur minimal oder gar nur anerzogen seien, sind längst durch wissenschaftliche Untersuchungen widerlegt worden. Mann und Frau unterscheiden sich von Geburt an nicht nur körperlich-biologisch, sondern auch geistig-seelisch.[25] Deutlich ist, dass Männer weit stärker als Frauen aktiv-gestaltend - sowohl schöpferisch wie auch zerstörend - ihre Umwelt prägen und auffallend gern Leitungsfunktionen übernehmen, während Frauen viel lieber im Hintergrund bleiben und sich helfend-erziehend der Pflege des bereits Vorhandenen widmen. Der Feminismus,

[25] Vgl. Hauke, a.a.O., 81ff. und Neuer, a.a.O., 25ff.

der nichts anderes ist als eine radikale (antichristliche) Prostestbewegung von Frauen, die zum einen selbst häufig von Männern schwer enttäuscht worden sind, zum anderen aber auch frustriert sind, dass die Gesellschaft nicht die tatsächliche Unterdrückung von Frauen (Pornographie, Prostitution, Vergewaltigungen, Witwenverbrennungen, Zwangsbeschneidungen usw.) zu beseitigen vermag, ist auch eine große seelsorgerliche Herausforderung. Denn Feministinnen leben mit der tiefsitzenden Angst, zu kurz zu kommen, etwas zu verpassen, wenn sie nicht so sind wie die Männer. Christliche Frauen dagegen dürfen wissen, dass Gott es gut mit ihnen meint und sie nichts versäumen, wenn sie in Seinen Wegen gehen. Und weil Gott die Frauen bewusst anders geschaffen hat als die Männer, ist es klug, das eigene Geschlecht zu akzeptieren und entsprechend dem von Gott verliehenen Naturell zu leben. Daher sollten Frauen Berufe erlernen, in denen sie ihre von Gott verliehenen Fähigkeiten des Helfens, Erziehens und Dienens in optimaler Weise verwirklichen können. Dazu eignen sich in besonderer Weise Berufe im diakonischen (Krankenschwester, Altenpflegerin etc.), pädagogischen (Erzieherin, Lehrerin, Logopädin etc.) und kaufmännischen (Bürokauffrau, Sekretärin usw.) Bereich. Natürlich gibt es auch Berufe, die an der Schwelle von Dienen und Herrschen stehen. So wird eine Rechtsanwältin oder Ärztin etwa achtgeben müssen, dass sie nicht aus einer Helferin zur Herrscherin wird. Auch wird manche christliche Frau, ohne es anzustreben, aufgrund ihrer Qualifikation in eine Führungspostion berufen, der auch männliche Mitarbeiter unterstellt sind. Sie wird sich in der Mitarbeiterführung viel Weisheit von Gott erbitten und Taktgefühl einüben, um keine Machtallüren zu entwickeln. Meiden aber sollte die christliche Frau in aller Regel jene Berufe, die klar geprägt sind vom Herrschen und Leiten (Politikerin, Managerin usw.). Da, wo die Frau Männer leitet oder lehrt, verlässt sie den Platz, den Gott ihr in der Schöpfungsordnung zugeteilt hat.

2.1.2 Der eigentliche „Beruf" der Frau

Gott hat Mann und Frau geschaffen, damit sie heiraten, Kinder empfangen und so das menschliche Leben auf Erden erhalten (vgl. Gen 1,28). Es ist das Vorrecht der Frau, neues Leben zu empfangen, zu gebären und - vor allem in den ersten Lebensjahren - zu erziehen. Sowohl das Alte wie das Neue Testament zeigt, dass genau dies die eigentliche Lebensaufgabe der Frau ist. Kinder sind eine der schönsten Gaben Gottes (Ps 127,3). In biblischen Zeiten zählte es für eine Frau zu den größten Makeln, keine Kinder zu haben (vgl. Gen 30,1ff.; 1 Sam 1+2). Wer als Verheirateter aus minderwertigen Motiven mutwillig Kinder verhindert, macht sich schuldig vor Gott und den Menschen. Denn dem göttlichen Gebot der Fortpflanzung (vgl. Gen 1,28) kommt er nicht nach, und sich selbst und der Gesellschaft enthält er eine gute Gabe Gottes vor (vgl. Ps 127,3). Gaben Gottes aber kann ein Mensch nicht ablehnen, ohne Schaden zu nehmen. Nach Gottes Willen ist es deshalb die Regel, dass eine Frau heiratet, Kinder empfängt und erzieht sowie den Haushalt führt (vgl. 1 Tim 5,14). Dies ist der eigentliche Beruf der Frau. Die Tatsache, dass diese Ordnung erst seit etwa fünfzig Jahren hinterfragt wird, zeigt eindrücklich, dass die Menschen die Jahrtausende davor die Wahrheit kannten und danach lebten. Die christliche Frau sollte sich deshalb nicht von einigen fehlgeleiteten, ideologieverhafteten Frauen (und Männern) der Gegenwart beeindrucken lassen, die - selbst ohne Lebenserfüllung geblieben - auch andere ins Elend stürzen. Es war schon immer so und wird bis zum Jüngsten Tag so bleiben, dass eine Frau in der Regel dann zur Lebenserfüllung findet, wenn sie Kinder empfangen und erziehen darf. Und wer wollte bestreiten, dass es kaum einen interessanteren und vielseitigeren Beruf gibt als den der Ehefrau, Mutter und Hausfrau? Erzieherin, Lehrerin, Seelsorgerin, Ärztin, Hauswirtschafterin - all das und noch mehr vereinigt eine Mutter und Hausfrau in ihrer Person. Eine Frau, die Kindern das Leben schenkt und sie zu nützlichen Menschen erzieht, erfüllt gesamtgesellschaftlich allemal eine viel wichtigere Aufgabe als die meisten anderen Berufstätigen. Denn Kinder sind die Zukunft eines Landes; und ein Volk, das aus selbstsüchtigen Motiven es zulässt, dass die Sterberate über der Geburtenrate liegt, schaufelt sich selbst das Grab. Daher sollten sich Mütter und Hausfrauen in keiner Weise vom Zeitgeist ihre wichtige Aufgabe verleiden lassen, sondern selbstbewusst zu ihrem Lebensauftrag stehen.

Leider wird die Lebenserfüllung der verheirateten Frau und Mutter manchmal durch eine unglückliche Ehe beeinträchtigt. Weil viele Männer (auch in christlichen Familien) nicht nach Gottes Ordnungen leben[26], bleibt den Frauen Leid nicht erspart. Auf diesem Hintergrund ist es auch verständlich (aber nicht entschuldbar), wenn Frauen Ehe und Familie verwünschen. Doch tun sie dies nicht

[26] Was der Mann seiner Frau schuldet, sagt Epheser 5,25-33 unmissverständlich.

aus innerster Überzeugung, sondern wegen erlebter Frustrationen.

Die Regel von Ehe und Familie als dem eigentlichen Beruf der Frau kennt freilich auch Ausnahmen. Mancher bleibt aus Überzeugung ehelos, weil er oder sie auf diese Weise Gott besser dienen zu können meint. Diese Haltung wird vom Neuen Testament voll gedeckt und auch empfohlen (vgl. 1 Kor 7,32ff.). Andere Frauen sind verheiratet, doch ihnen bleiben Kinder versagt. Ein solches Ehepaar sollte betend fragen, ob nicht die Adoption eines oder mehrerer Kinder ein Weg sein könnte. Schließlich würden manche Frauen gerne heiraten und Kinder erziehen, aber sie finden trotz intensiven Gebets und Suchens nicht den passenden Ehepartner. Es kann dann sein, dass eine Heirat einfach zum gegenwärtigen Zeitpunkt noch nicht dran ist, aber später noch der richtige Partner gefunden wird. In solchen Fällen ist Geduld nötig. Es kann aber auch sein, dass Gott einer Frau (oder einem Mann) deutlich machen will, dass sie (er) unverheiratet bleiben soll. Dies wird die entsprechende Person, wenn sie in einer lebendigen Gottesbeziehung lebt, irgendwann verstehen. Dann ist es sinnvoll, diese Wegführung zu akzeptieren und Jesus zu bitten, die durch fehlende Ehe und Familie ausgebliebene Lebenserfüllung auf andere Weise zu schenken. Gott wird diese Bitte erhören und dem Single Bereiche aufzeigen, in denen er sich lebenserfüllend engagieren kann.

Für die gerade genannten drei Ausnahmegruppen von Frauen wird die Berufstätigkeit in der Regel ein Segen sein. Sie bewahrt nicht nur vor materieller Abhängigkeit von Eltern oder Geschwistern, sondern auch vor Vereinsamung und sozialer Isolation. Unverheiratete Frauen sollten ihren Beruf dankbar annehmen, in ihm Gott und den Menschen dienen und ihre Freizeit für die Ausbreitung des Evangeliums nutzen (vgl. 1 Kor 7,32.34).

2.1.3 Familie und Beruf

Millionen Frauen sind heute der Doppelbelastung von Familie/Haushalt und Beruf ausgesetzt. Sehr viele seufzen unter dieser Last, nicht wenige brechen darunter zusammen. Politiker und Gewerkschaftler fordern daher von Wirtschaft und Staat ein größeres Angebot von Teilzeitarbeitsplätzen. Teilzeitarbeit ist ohne Zweifel für viele Frauen nützlich. Gerade in Großstädten reicht das Einkommen des Ehemanns häufig nicht aus. Die Frau muss hinzuverdienen, um die Familie über die Runden zu bringen. Dann ist es natürlich besser, das Angebot einer Halbtagsstelle wahrzunehmen und so noch ausreichend Zeit für die Familie und den Haushalt zu haben, als voll berufstätig zu sein. Die Forderung nach mehr Mitarbeit der Männer im Haushalt, um der berufstätigen Ehefrau Entlastung zu gewähren, ist von der Männerwelt allerdings weithin überhört worden. Da die meisten Männer kein Interesse an Waschen, Bügeln und Putzen haben, wird ein Mann nach einem arbeitsreichen Tag in der Firma auch nicht zu solchen Tätigkeiten zu bewegen sein. Hausarbeit und Kindererziehung sind primär Aufgaben der Frau. Da dies eine biblische Ordnung ist (vgl. 1 Tim 5,14), wird sich daran auch trotz aller Änderungsversuche der Ideologen verschiedenster Richtungen nicht viel ändern.[27] Daher sollten auch christliche Frauen von der Illusion Abschied nehmen, in ihrem Ehemann eine große Hilfe für den Haushalt gefunden zu haben und sich vielmehr nüchtern darauf einstellen, dass Kindererziehung und Haushalt Frauendomänen sind und bleiben.[28] Wenn es nun finanziell eben möglich ist, sollte eine Mutter und Hausfrau keiner Erwerbstätigkeit nachgehen. Die Kinder brauchen ihre Mutter, besonders in den ersten Lebensjahren. Aber auch in der Pubertät ist eine Mutter eigentlich unverzichtbar. Wenn die Kinder aus der Schule kommen, benötigen sie jemanden, bei dem sie ihre Eindrücke und Erfahrungen loswerden können. Und wer ist dazu besser geeignet als die eigene Mutter? Auch der Ehemann schätzt es, eine ausgeglichene Frau zu haben, die Kindererziehung und Haushalt bewältigt und nicht wegen zusätzlicher Erwerbstätigkeit ständig überfordert ist. Jedes christliche Ehepaar sollte überlegen, ob es nicht sinnvoll ist, lieber auf ein Mehr an Wohlstand zu verzichten und dafür die Mutter und Ehefrau von der Berufstätigkeit freizuhalten. Den Kindern ist es auf jeden Fall viel lieber, auf Urlaub im Ausland zu verzichten oder ein Statussymbol unserer dekadenten Wohlstandsgesellschaft weniger vorweisen zu können und stattdessen die eigene Mutter

[27] Obwohl in den ehemals sozialistischen Ländern des Ostblocks die Gleichberechtigung der Frau mit allen zur Verfügung stehenden Mitteln durchgesetzt werden sollte, hat sich an der tatsächlichen Rollenverteilung von Mann und Frau kaum etwas geändert. Die große Mehrheit der Frauen hat auch heute noch die typischen Frauenberufe inne (vgl. Hauke, a.a.O., 100); an Hausarbeit und Kindererziehung beteiligen sich die Männer nur unwesentlich.

[28] Ausdrücklich möchte ich betonen, dass es hier um die Beschreibung eines Regelzustandes geht. Natürlich helfen die Ehemänner auch immer wieder im Haushalt und bei der Kindererziehung mit. Doch dies tut der Mann aus Liebe zu seiner Frau, um sie zu entlasten, nicht aber, weil Haushaltsarbeit zu seinen Interessen und Aufgaben gehört.

immer zu haben. (Außerdem könnte die Arbeitslosenquote reduziert werden, wenn von den vielen Doppelverdienern einer auf seine Stelle verzichten würde.) Sollte jedoch - aus irgendwelchen Gründen - eine Berufstätigkeit der Mutter unumgänglich sein, so muss eine qualifizierte Betreuung der Kinder durch Ehemann, Großeltern oder Pflegemutter sichergestellt sein. Die Kinder dürfen nicht ständig sich selbst oder dem Fernsehgerät überlassen werden, will man nicht die Gefahr von Verwahrlosung inkaufnehmen.

2.1.4 Karriere und Konkurrenz

Karrieredenken ist ein Phänomen, das, von der westlichen Welt ausgehend, inzwischen fast alle Länder und Kulturen erreicht hat. Erfolg, Anerkennung und Reichtum sind moderne Götzen von Millionen. Den Kollegen betrachtet man weithin nur noch als Konkurrenten, den man auf der Karriereleiter möglichst weit hinter sich lassen möchte. Dieses Denken ist keineswegs nur in der Männerwelt verbreitet. Auch viele Frauen stehen mit ihresgleichen sowie mit männlichen Kollegen in einem harten und unerbittlichen Konkurrenzkampf. Natürlich müssen sich auch Christen, Männer wie Frauen, mit Karrieregedanken und Konkurrenzkämpfen auseinandersetzen. Wie sollte sich ein Christ und - im Rahmen unseres Themas - besonders die berufstätige christliche Frau in der modernen Arbeitswelt verhalten?

Wenn die christliche Frau den oben gegebenen Rat beherzigt, einen dienenden Beruf auszuüben, kann sie vor manchen Versuchungen zur Karriere bewahrt bleiben. Wenn sie weiterhin die jedem Christen gegebenen biblischen Anweisungen zu einem einfachen und bescheidenen Lebensstil ernst nimmt (vgl. 1 Tim 6,6-10) und dem Reich Gottes oberste Priorität einräumt (vgl. Mt 6,33), werden Reichtum und Anerkennung ihre große Anziehungskraft verlieren. Christen sind Menschen, die vom irdischen Leben nicht alles erwarten, sondern sich vielmehr nach der Vollkommenheit des Himmels sehnen. Wer die Hoffnung des ewigen Lebens in seinem Herzen trägt, der braucht keine unredlichen Kämpfe um die besser bezahlte Stelle zu führen, sondern kann sie seinem Kollegen gönnen, selbst wenn dieser geringer qualifiziert erscheint. - Die Bibel warnt vor jeder Art von Karrieredenken (vgl. Mt 20,20-28) und ruft zur Demut auf (vgl. Rö 12,16). Wem aber Erfolg und Reichtum zufällt, ohne ihnen verbissen nachzujagen, der darf sie aus Gottes Hand nehmen, dankbar genießen und anderen Gutes tun (vgl. 1 Tim 6,17-19).

2.2 Die Unterordnung der Frau und die moderne Gesetzgebung

Die Gesetze der westlichen Staaten enthalten noch immer viel biblisches Gedankengut. Auch das deutsche Grundgesetz ist teilweise vom Geist des Dekalogs geprägt. Zugleich aber stehen alle modernen Demokratien in der Tradition der europäischen Aufklärung des 18. Jahrhunderts. So ist die Forderung nach völliger Gleichstellung und Gleichberechtigung von Mann und Frau eine Frucht aufklärerischer Gedanken und steht im Gegensatz zur biblischen Tradition. Auch wenn viele Theologen mit Gal 3,28 gebetsmühlenartig immer wieder zu belegen versuchen, dass das Neue Testament die Gleichstellung der

Geschlechter lehre, weiß jeder verantwortungsvolle Exeget, dass Paulus im genannten Vers lediglich von einer Gleichstellung aller Menschen vor Gott im Blick auf das Heil spricht. Das Heil durch den Glauben an Jesus steht jedem offen, ob er Mann oder Frau, Knecht oder Freier, gebildet oder ungebildet, weiß oder schwarz ist. Das geht aus dem Zusammenhang, besonders Vers 26, klar hervor. Die Gleichstellung aller vor Gott bedeutet aber nicht, dass in die Schöpfung hineingelegte oder innerhalb der menschlichen Gesellschaft entstandene soziale Unterschiede plötzlich aufgehoben wären. Deshalb sind auch die durch Christus erlösten Frauen weiterhin zur Unterordnung unter die Männer aufgerufen (vgl. Eph 5,22-24.33; Kol 3,18; 1 Petr 3,1ff.), die Kinder sind zum Gehorsam gegenüber den Eltern verpflichtet (vgl. Eph 6,1ff.; Kol 3,20) und die Sklaven sollen ihren Herren selbst dann gehorchen, wenn diese auch Christen geworden sind (vgl. Eph 6,5ff.; Kol 3,22ff.). Nichtchristen fragen nicht nach diesen Ordnungen. Und weil die große Mehrheit der Bürger und Politiker unseres Landes nicht nach biblischen Maßstäben lebt, driften die modernen Gesellschaften immer weiter von Gottes Vorstellungen ab. Die Kluft zwischen der wahren christlichen Gemeinde und der säkularen Gesellschaft wird von Jahr zu Jahr größer. Dass eine Gesellschaft, die durch Quotenregelungen die Gleichstellung der Geschlechter zu erreichen versucht und in ihrem Grundgesetz ausdrücklich das Ziel der völligen

Gleichberechtigung festgeschrieben hat[29], mit völligem Unverständnis auf Kirchen reagiert, die die Frauenordination ablehnen, ist verständlich. Schon hat es vereinzelt Politiker gegeben, die eine Kirche, die aus theologischen Gründen Frauen auf der Kanzel ablehnte, drängten, ihre angeblich grundgesetzwidrigen Regelungen aufzugeben und sich der veränderten Zeit anzupassen.[30] Glücklicherweise sind die modernen Demokratien aber noch so tolerant, dass die Religionsgemeinschaften ihre Anliegen

[29] Vgl. GG, Art. 3, Absatz 2: „Männer und Frauen sind gleichberechtigt. Der Staat fördert die tatsächliche Durchsetzung der Gleichberechtigung von Frauen und Männern und wirkt auf die Beseitigung bestehender Nachteile hin." Der zweite Satz („Der Staat fördert ...") wurde 1994 im Rahmen mehrerer Grundgesetzänderungen dem Artikel 3, Absatz 2 zugefügt. Er könnte den Religionsgemeinschaften, die die Frauenordination ablehnen, in Zukunft noch Schwierigkeiten bereiten. Denn laut Art. 137, Absatz 3 der Weimarer Verfassung von 1919, der zusammen mit den Artikeln 136,138,139 und 141 Eingang in unser Grundgesetz gefunden hat (vgl. GG Art. 140), ordnen und verwalten die Religionsgemeinschaften zwar ihre Angelegenheiten selbständig, jedoch „innerhalb der Schranken des für alle geltenden Gesetzes". Und diese Schranken sind mit dem oben zitierten Zusatz zu GG Art. 3, Abs. 2 enger geworden.

[30] Politiker der SPD drängten 1989 die Ev.-luth. Landeskirche Schaumburg-Lippe, Pastorinnen anzuerkennen und so der vom Grundgesetz geforderten Gleichstellung der Geschlechter Rechnung zu tragen (vgl. *idea-spektrum* 26/1989, 8; 33/34/1989, 11; 22/1990, 9). - Auch im Zusammenhang mit dem 1995 vom Bundesverfassungsgericht verkündeten „Kruzifix-Urteil", nach dem die staatliche Vorschrift zum Aufhängen eines Kreuzes in Unterrichtsräumen einer staatlichen Schule gegen die im Grundgesetz garantierte Religionsfreiheit verstoße, wurden erneut von einzelnen Politikern „verfassungswidrige Tendenzen" in den Kirchen kritisiert und dabei ausdrücklich auf den Ausschluß von Frauen vom Priestertum in der kath. Kirche verwiesen (vgl. *idea-spektrum* 33/1995,5).

nach eigener Erkenntnis regeln können.[31] Da außerdem Politik und Gesellschaft die Gleichberechtigung noch keineswegs in allen Bereichen eingeführt haben (vgl. z.B. die unterschiedliche Entlohnung von Männern und Frauen für gleiche Arbeit), können biblisch geprägte Kirchen gegenwärtig noch getrost die Forderung mancher Politiker nach der generellen Einführung der Frauenordination unbeachtet lassen.

---

[31] Kirchenrechtler weisen darauf hin, dass das deutsche Grundgesetz dem Staat verbiete, sich in Lehr- und Ordnungsfragen der Kirchen einzumischen. Der frühere Kirchenrechtler der EKD, Axel von Campenhausen, betont: „Was in einer Kirche rechtens ist, wer welche Ämter auf welche Weise einnehmen kann, wie kirchliche Ämter vergeben werden, all das sind Fragen, die die Kirchen selbst und allein entscheiden." *(idea-spektrum* 33/34/1989, 11) Ob aber von Campenhausens Überzeugung: „Die verfassungsrechtliche Gleichberechtigung der Frau ist eine Sache, die Zulassung zum kirchlichen Amt eine andere." (ebd.) nicht doch mit dem in Anmerkung 25 zitierten Art. 137, Absatz 3 („Jede Religionsgemeinschaft ordnet und verwaltet ihre Angelegenheiten selbständig innerhalb der Schranken des für alle geltenden Gesetzes.") auf dem Hintergrund des erwähnten Zusatzes zu GG Art. 3, Abs. 2 (vgl. Anm. 25) kollidiert, ist noch nicht endgültig entschieden.

Im Lichtzeichen Verlag, Lage, sind in der Reihe *Edition BSB* bisher folgende Bücher erschienen:

Friedhelm Jung, *Nur Umkehr kann uns retten! Was Deutschland heute braucht,* 2010

Friedhelm Jung, *Glaube kompakt. Grundzüge biblischer Dogmatik,* 2. Aufl., 2013

Leslie Ludy, *Lebe wahre Schönheit! Der Weg einer jungen Frau zu einem außergewöhnlichen Leben,* 2011

Ursula Häbich, *Sophies ganz besondere Weihnachtszeit,* 2011

Harold Rawlings, *Grundlagen biblischer Glaubenslehre. Eine Dogmatik für jedermann,* 2012

Friedhelm Jung, *Die Wahrheit ist unsterblich,* 2012

Bryan Chapell, *Christuszentriert predigen,* 2012

Jim Anderson, *Jesus Christus im Alten Testament erkennen und predigen,* 2012

Friedhelm Jung (Hg.), *Orientierung in orientierungsloser Zeit,* 2012

Ursula Häbich, *Glitzersteine,* 2012

Heinrich Derksen, Gerhard Schmidt, Friedhelm Jung (Hgg.), *Zwanzig Jahre Bibelseminar Bonn – Schlaglichter aus der Geschichte einer jungen Bibelschule,* 2013 (auch englisch: *Twenty Years of Bibelseminar Bonn – Glimpses from the History of a Young Seminary,* 2013)

Ursula Häbich, *Winterzeit in der Amselstraße* (überarbeitete Neuauflage), 2013

Ursula Häbich, *Sophies abenteuerliche Afrikareise,* 2014

Ursula Häbich, *Selina – das geheimnisvolle Mädchen,* 2014

Friedhelm Jung, *Frauen als Pastorinnen? Die Stellung der Frau nach Gottes Plan,* 2015

Zum Autor:

Friedhelm Jung studierte in Basel, Straßburg, Siegen und Marburg und promovierte 1991 am Fachbereich Evangelische Theologie der Universität Marburg. Er arbeitete elf Jahre als Pastor und ist seit 2005 Professor für systematische Theologie am Southwestern Baptist Theological Seminary in Fort Worth (Texas) und leitet den Masterstudiengang am Bibelseminar Bonn. Seine früher veröffentlichten Bücher sind:

- *Die deutsche evangelikale Bewegung – Grundlinien ihrer Geschichte und Theologie,* 4. Aufl. Bonn: Verlag für Kultur und Wissenschaft, 2011

- *Frauenordination – Spaltpilz der Christenheit?,* Bornheim: Puls-Verlag, 1998

- *Was ist „evangelikal"?,* Dillenburg: Christliche Verlagsgesellschaft, 2007

- *Nur Umkehr kann uns retten! Was Deutschland heute braucht,* Lage: Lichtzeichen Verlag, 2010

- *Glaube kompakt. Grundzüge biblischer Dogmatik,* 2. Aufl. Lage: Lichtzeichen Verlag, 2013

- *Die Wahrheit ist unsterblich,* Lage: Lichtzeichen Verlag, 2012

- *Orientierung in orientierungsloser Zeit* (Hg.), Lage: Lichtzeichen Verlag, 2012

- *Zwanzig Jahre Bibelseminar Bonn – Schlaglichter aus der Geschichte einer jungen Bibelschule* (Hg. zusammen mit H. Derksen und G. Schmidt), Lage: Lichtzeichen Verlag, 2013

- *Christ und Geld. Biblische Hilfen für einen gesunden Umgang mit Finanzen* (Hg.), Lage: Lichtzeichen Verlag, 2013

- *Frauen als Pastorinnen? Die Stellung der Frau nach Gottes Plan,* Lage: Lichtzeichen Verlag, 2015

Friedhelm Jung

Nur Umkehr kann uns retten!

Was Deutschland heute braucht

Unsere Zeit ist gottlos wie selten zuvor. Es gibt noch Hoffnung, aber nur unter einer Bedingung: Wir müssen umkehren.

116 Seiten, Paperback

ISBN: 9783869540139

Bestell-Nr. 548013

Friedhelm Jung

Die Wahrheit ist unsterblich!

Seit 200 Jahren wird die biblische Botschaft von vielen Menschen kritisiert und nicht mehr geglaubt. Der Unglaube hat zuerst die biblischen Lehren verworfen: Man zweifelte an der Jungfrauengeburt, der Gottessohnschaft Jesu, an seiner Auferstehung, Himmelfahrt und Wiederkunft. Dann wurden nach und nach auch die biblischen Moralvorstellungen über Bord geworfen. Heute herrscht in unserer Gesellschaft eine große Orientierungslosigkeit. Glücklicherweise nehmen wir inzwischen auch eine gegenläufige Bewegung wahr: Menschen machen sich wieder ganz neu auf die Suche nach Orientierung...

116 Seiten, Paperback

ISBN: 9783869540498

Bestell-Nr. 548049

Friedhelm Jung (Hrsg.)

Orientierung

in orientierungslosen Zeiten

Es hat wohl nie in der Geschichte eine Zeit so großer Orientierungslosigkeit gegeben wie heute. Alles gerät in unseren Tagen ins Wanken. Gibt es überhaupt noch Wahrheit? Gibt es noch Verhaltensmaßstäbe, die gültig sind? Das Buch „Orientierung in orientierungsloser Zeit“ gibt auf der Grundlage der Bibel Antworten auf Fragen, die heute gestellt werden.

292 Seiten, Paperback

ISBN: 9783869540771

Bestell-Nr. 548077